基于大数据的苏州数字经济

段立新 凌 鸣 张晓宏 主编

苏州大学出版社
Soochow University Press

图书在版编目(CIP)数据

基于大数据的苏州数字经济 / 段立新,凌鸣,张晓宏主编. —苏州:苏州大学出版社,2017.11
ISBN 978-7-5672-2286-1

Ⅰ.①基… Ⅱ.①段… ②凌… ③张… Ⅲ.①信息经济-经济发展-研究-苏州 Ⅳ.①F492

中国版本图书馆 CIP 数据核字(2017)第 272703 号

基于大数据的苏州数字经济

段立新　凌　鸣　张晓宏　主编

责任编辑　薛华强

苏州大学出版社出版发行
(地址:苏州市十梓街1号　邮编:215006)
苏州市深广印刷有限公司印装
(地址:苏州市高新区浒关工业园青花路6号2号厂房　邮编:215151)

开本 787 mm×1 092 mm　1/16　印张 13.25　字数 217 千
2017 年 11 月第 1 版　2017 年 11 月第 1 次印刷
ISBN 978-7-5672-2286-1　定价:78.00 元

苏州大学版图书若有印装错误,本社负责调换
苏州大学出版社营销部　电话:0512-65225020
苏州大学出版社网址　http://www.sudapress.com

编委会成员

顾问：陈玉龙　宦茂盛　吴庆文　车品觉

主编：段立新　凌　鸣　张晓宏

执笔：夏耘海　李　湛　王甲樑　徐鸣涛

　　　杨　锐　王　平　李直旭

前 言

数字经济凭借其发展快、创新率高、渗透力强的特点,已成为全球经济复苏和增长的新引擎,是未来世界各国的重点发展方向。

截至目前,全球已有 28 个国家制定了数字经济战略,分别是澳大利亚(Australia)、比利时(Belgium)、加拿大(Canada)、捷克(Czech)、丹麦(Denmark)、爱沙尼亚(Estonia)、芬兰(Finland)、法国(France)、德国(Germany)、希腊(Greece)、爱尔兰(Ireland)、意大利(Italy)、日本(Japan)、韩国(Republic of Korea)、卢森堡(Luxembourg)、墨西哥(Mexico)、荷兰(Netherlands)、挪威(Norway)、波兰(Poland)、葡萄牙(Portugal)、斯洛伐克(Slovakia)、斯洛文尼亚(Slovenia)、西班牙(Spain)、土耳其(Turkey)、英国(Britain)、埃及(Egypt)、拉脱维亚(Latvia)和立陶宛(Lithuania)。此外,也有很多国家虽未制定数字经济专项发展战略,但也制定了与数字经济相关的各项举措,包括宽带接入、互联网基础设施建设、电子政务发展与数据资源开放,以及网络安全和数字化融合等。

研究显示[①],2016 年中国数字经济总量达到 22.6 万亿元,占 GDP 比重超过 30%,对 GDP 的贡献达到 69.9%。在世界经济受网络信息技术产业影响而加速转化的今天,数字经济已成为全球经济复苏和增长的重要驱动力。对于中国来说,发展数字经济的意义则更加重大。数字经济不仅是中国未来经济发展前行的新方向,更是引领中国经济增长的新动能,实现弯道超车的新优势。因此,各

---

① 中国信息通信研究院.中国数字经济发展白皮书 2017[R].2017-7.

级政府都需要把握机遇,时刻了解数字经济最新动态,制订切实可行的发展目标与具体方案,努力将中国建设成为数字经济强国。

苏州市政府一直以来对数字经济发展高度重视,最近几年已陆续推出相关发展战略并逐步实施。通过积极布局和推动相关产业发展,形成苏州数字经济、信息经济、创新经济发展的产业集聚效应,进一步推动苏州产业结构转型升级。作为中国经济最强地级市,为进一步推动经济发展,结合数字经济特点与苏州制造业的优势,推动产业转型升级,为苏州在经济新常态下准确找出经济增长新引擎,准确地分析苏州数字经济的发展现状,了解其强项与短板,研判苏州数字经济的发展趋势就显得尤为重要。

本书全面和系统性地对数字经济概念的提出、内涵的衍变及国外和国内发展经验与政策导向进行深度剖析,并将此作为研究的理论依据;以数字经济与产业融合发展的特征和苏州产业结构特点及经济发展现状为标准,提出了适合苏州经济发展特色的数字经济研究理论,构建了一套覆盖领域全面、及时性强、可分地区进行对比的数字经济指标测评体系和模型算法。首次利用大数据的特点和方法,对大量指标数据进行科学处理,选取了全国(平均)、北京、上海、杭州和深圳的数据进行计算与测评,并计算出不同地区2016—2017年月度数字经济指数得分。

研究发现,苏州数字经济自2016年7月以来保持快速发展态势,整体高于全国平均水平,对苏州宏观经济起到整体拉动作用,已成为苏州引领新常态、壮大新经济、打造新动能的主要力量;苏州的信息化产业发展水平遥遥领先,数字经济基础环境与北京、杭州等地不相上下,数字消费水平与杭州、深圳的距离正不断缩小,未来快速增长空间较大;其他多项指标得分在不同时期好于这些一线城市。

本书深刻展现了苏州在数字经济发展中存在的问题和潜在的优势,有力解释了苏州发展数字经济的必要性和紧急性,客观呈现了数字经济在苏州市发展的现状和未来如何进一步带动苏州经济发展,为其有效发掘经济增长新引擎,生成经济增长新动能提供了决策支撑。

目 录

第一章　数字经济的内涵与作用　1

一、数字经济的产生背景　1
（一）数字经济产生的基础　1
（二）数字经济概念的提出　1
（三）数字经济发展的政策推进　2
（四）数字经济发展的作用　2

二、数字经济的定义　3
（一）信息技术引起的社会变革　3
（二）数字经济内涵的演进　5
（三）中国数字经济发展的政策支撑　6

三、数字经济的意义　8
（一）数字经济引领科技变革　8
（二）数字经济推动社会生活演化　10
（三）数字经济推动经济结构改变　11
（四）数字经济对全球发展的影响　12

第二章　全球数字经济发展概述　14

一、全球数字化发展路径　14
（一）核心要素流动转变　14
（二）跨国跨界数字流通　14

二、全球数字经济发展战略　15
　　（一）全球数字经济发展概述　15
　　（二）国外数字经济发展战略　17
三、国外数字经济对产业转型的推动　23
　　（一）农业数字化转型　24
　　（二）制造业数字化转型　25
　　（三）公共服务业数字化转型　27
四、国外网络信息安全与管理借鉴　29
　　（一）美国的做法　29
　　（二）英国的做法　30
　　（三）欧盟的做法　31

第三章　中国数字经济发展现状　32

一、中国数字经济发展概况　32
　　（一）中国数字经济发展战略　32
　　（二）中国数字经济总体规模　34
　　（三）中国信息技术高新产业　35
　　（四）中国数字融合发展状况　44
　　（五）数字技术催生共享经济　47
二、中国发展数字经济面临的挑战　49
　　（一）数字鸿沟　49
　　（二）数据质量　49
　　（三）信息安全　50
　　（四）法律法规　50

第四章　苏州数字经济发展概况　52

一、苏州数字经济发展　52
　　（一）苏州经济发展概况　52
　　（二）苏州经济发展特点　53
　　（三）苏州经济发展存在的问题　55

二、苏州发展数字经济的意义　56

　　（一）加速苏州产业结构转型升级　57

　　（二）促进苏州数字技术与产业融合发展　57

　　（三）推动苏州经济增长发掘新动力　57

三、苏州发展数字经济典型案例　59

　　（一）滴滴与苏州市政府建立战略合作伙伴关系　59

　　（二）中科曙光"落子"昆山高新区　60

　　（三）百度创新中心落户昆山花桥　60

　　（四）亨通大数据智慧产业落户吴江太湖新城　60

　　（五）紫光集团、新华三集团与苏州高铁新城全力打造"工业云引擎"　61

　　（六）新松机器人（苏州）未来科技城项目落户相城　62

　　（七）京东智谷项目落户苏州市相城高铁新城　62

　　（八）上海交通大学苏州人工智能研究院落户苏州工业园区　63

　　（九）苏州工业园区和科大讯飞签署战略合作协议　63

　　（十）苏州工业园区与中科院计算所共建苏州人工智能研究院　63

　　（十一）中移软件园在苏州高新区正式开园　64

　　（十二）中国移动云计算大会在苏州召开　64

第五章　数字经济测评方法　66

一、数字经济涵盖领域　66

二、数字经济相关测评方法综述　67

　　（一）信息化发展评价指标体系　67

　　（二）欧洲委员会的数字经济和社会指数（DESI）　67

　　（三）世界经济论坛的网络就绪度指数（NRI）　68

　　（四）ICT发展指数（IDI）　68

　　（五）OECD的数字经济度量指标　69

　　（六）埃森哲（Accenture）数字化密度指数　70

　　（七）美国商务部有关数字经济评测的建议　70

　　（八）腾讯"互联网＋"指数　70

（九）麦肯锡连通指数（MGI Connectedness Index）　71
　　（十）华为——全球联接指数（GCI）　71
　　（十一）国家信息中心——信息社会指数（ISI）　72
　　（十二）中国信息通信研究院——中国信息经济指数（IEI）　73
　　（十三）中国信息通信研究院——中国数字经济指数（DEI）　74
　　（十四）数字经济发展等级衡量指标体系　74
　　（十五）中国城市数字经济指数　75
　三、数字经济指标体系构建原则　77
　　（一）系统性　77
　　（二）可比性　77
　　（三）科学性　78
　　（四）可操作性　78
　　（五）动态优化　78

第六章　苏州数字经济指标体系构建　79

　一、苏州数字经济测评原则　79
　二、苏州数字经济指标体系说明　79
　三、数据获取和使用　81
　四、苏州数字经济指数算法及权重　82
　　（一）指数计算方法　82
　　（二）指标权重　85
　五、苏州数字经济指数计算结果　86

第七章　苏州数字经济发展分析　88

　一、2016年苏州数字经济运行情况　88
　　（一）2016年苏州数字经济指数发展趋势　88
　　（二）2016年苏州数字经济指数分析　89
　　（三）2016年苏州数字经济分指数运行情况　91
　　（四）2016年苏州数字经济指数与其他城市对比　94
　　（五）2016年苏州数字经济情况总结　111

二、2017年苏州数字经济运行情况　112

 （一）2017年苏州数字经济指数发展趋势　112

 （二）2017年苏州数字经济指数分析　113

 （三）2017年苏州数字经济分指数运行情况　114

 （四）2017年苏州数字经济指数与其他城市对比　116

 （五）2017年苏州数字经济情况总结　131

三、2016—2017年苏州数字经济发展特点　132

 （一）苏州信息化产业发展遥遥领先　132

 （二）苏州数字经济发展环境与杭州接近　133

 （三）苏州数字消费有待进一步提升　133

第八章　未来发展建议　134

一、关于中国迎接数字经济挑战的建议　134

 （一）积极应对数字鸿沟　134

 （二）加强核心技术研发　135

 （三）加快法律法规建设　135

 （四）强化网络信息安全　135

 （五）提高两化融合程度　136

 （六）努力研究相关标准　136

二、苏州未来如何发展数字经济　136

 （一）大力推进智能制造加速产业转型升级　137

 （二）持续推动"大云物移"和人工智能发展　138

 （三）构建服务型政府——大力提升基础设施普及率　139

 （四）构建智慧政府——加速"两化融合"发展　139

 （五）积极推动"共享经济"模式　140

参考文献　142

附件　苏州市大数据产业发展规划（2016—2020年）（节选）　147

第一章
数字经济的内涵与作用

一、数字经济的产生背景

（一）数字经济产生的基础

20世纪90年代，受技术发展、社会环境和经济发展等因素影响，产生了"数字经济"这一概念。在这一时期，互联网的公共商业化应用逐渐铺陈开来，电子通信技术（Information and Communication Technology，ICT）及其相关硬件的发展构建了数字经济的技术基础。与此同时，随着社会进入信息知识大爆炸的时代，经济结构开始从物质型向信息型转变。人们对知识和信息的渴求进一步加速了数字化发展，人均教育水平的提升也使得数字化变革更易被熟悉和认同，并由此促进信息通信技术的社会化融合。

在经济方面，美国经济自1991年3月到2001年3月经历了将近十年的长期增长，并出现了"两高两低"（高经济增长率、高生产增长率、低失业率和低通货膨胀率）的繁荣景象。美国的这次经济腾飞，极大程度上得益于电子通信技术的发展。1993年，克林顿政府正式推出"国家信息基础设施"工程计划（NII），该计划在全美构建了遍及全国城市与乡镇的"信息高速公路"，不仅带动了经济的发展，也推动社会加速进入数字化时代。

（二）数字经济概念的提出

加拿大商业战略大师唐·泰普斯科特（Don Tapscott）于1995年正式出版了其经济学著作《数据时代的经济学》（The Digital Economy），"数字经济"这一概念由此被正式提出,并逐渐广泛流行开来。2001年,美国前统计局主管、统计学及经济学家托马斯·梅森博格(Thomas MasonBerg)将数字经济定义为三大类:电子业务基础设施(e-business infrastructure)、电子业务(e-business)以及电子商务(e-commerce)。电子业务基础设施包括软件、硬件、电信、网络,以及人力资源等能够支撑电子业务发展的基础设施。电子业务是指公司或机构使用电子业务基础设施进行的业务活动。电子商务则包括所有基于电子基础设施进行的商业活动。世界经济合作与发展组织(Organization for Economic Cooperation and Development, OECD)发表的一篇报告中指出,信息和通信技术(ICT)是未来加速生产力发展的重要技术。自20世纪90年代以来,OECD开始不断强调数字经济在经济增长中的重要地位,世界各国都将发展数字经济作为重要的战略发展方向之一。

(三) 数字经济发展的政策推进

在数字经济发展初期,各国政府先后出台相关政策加强ICT基础设施的建设。新加坡自1981年开始先后实施完成了"国家电脑化计划""国家IT计划""IT计划""Infocomm 21"和"全联新加坡计划",使得新加坡在家用电脑家庭互联网接入、家庭宽带与企业宽带接入、移动电话普及等方面获得了巨大的发展。日本在2009年为应对日渐疲软的经济环境,紧急出台了宏观性的指导政策"ICT新政",其实施性文件——"数字日本创新计划(ICT Hatoyama Plan,亦称ICT鸠山计划)"纲要,作为日本随后3年中优先实施的政策。英国政府于2009年推出了"数字大不列颠"行动计划,推动英国宽带基础设施建设以及ICT技术产业的发展,将之作为应对经济危机的关键,并在2010年4月颁布并实施了《数字经济法2010》,加强对数字产品的管理,以及版权的保护。澳大利亚政府在2011年5月31日启动了国家数字战略,涉及宽带建设、在线教育等8项具体目标。如今,大部分国家及地区已完成数字化程度的第一个阶段——数字化基础设施建设及普及,并相继步入下一阶段,即加强数字化设施的深层次应用与创新,并深化其对经济的正面影响。

(四) 数字经济发展的作用

数字经济,作为一种新兴的经济体,其对经济增长的促进作用正在逐步深化。牛津经济研究院(Oxford Economics)和埃森哲(Accenture)的一项研究显示,各国国内生产总值与其数字化程度显著相关,数字化程度每提升10%,将为该国GDP贡献1%的增长。2016年二十国峰会(G20)上由中国主持起草的《二十国集团数字经济发展与合作倡议》中指出:数字经济正在经历高速增长、快速创新,并广泛应用到其他经济领域中。数字经济是全球经济增长日益重要的驱动力,在加速经济发展、提高现有产业劳动生产率、培育新市场和产业新增长点、实现包容性增长和可持续增长中正发挥着重要作用。因此,推动数字化进程对全球尤其是中国经济的发展具有重大意义和作用。

二、数字经济的定义

(一)信息技术引起的社会变革

1997年,美国提出"新经济"的概念,其包含知识经济、创新经济、数字经济、网络经济;数字经济是新经济观测的一个角度,是信息经济的一部分。信息经济被分为三个层次:第一,信息经济是一种经济形态,它与农业经济、工业经济同级;第二,信息经济属于传统产业,包括第一产业、第二产业、第三产业;第三,从经济活动方面来说,信息经济是指信息生产和服务,信息通信技术的研发,以及信息传输等经济活动。数字经济是信息经济第二和第三层次的子集,它是基于数字技术的内容产业、通信产业、软件产业以及信息设备制造业的产业集群,从生产端看,也包括这些产业的产品与服务。

信息技术对整个社会产生的影响随着科技发展的脚步逐步加深,而人们对信息技术融入经济与社会这一过程的定义,在不同的发展阶段产生了各种各样的概念。因此,概念混用的情况也时有发生。除了早期的"信息经济"和近年的"数字经济"外,还存在网络经济、知识经济等概念。这些概念因其产生于数字经济发展的不同阶段,分别反映出不同时期人们对信息技术引起的社会变革的不同角度的理解。虽然这些概念在定义和具体内涵上有细微的差别,但总的来说,它们都是在描述信息技术对人类社会经济活动产生的影响与革新。

1. 知识经济

第二次世界大战后,由于科技进步,全球知识生产、流通速度不断提高,分配范围不断扩大,社会经济面貌焕然一新。在此背景下,相当多的学者开始关注知识与经济社会之间的联系,知识经济的概念逐渐形成。1996年经济合作与发展组织(OECD)在年度报告《以知识为基础的经济》中认为,知识经济是以知识为基础的经济,直接依赖于知识和信息的生产、传播与应用。从生产要素的角度看,知识要素对经济增长的贡献高于土地、劳动力、资本等,因而"知识经济"是一种以知识为基础要素和增长驱动器的经济模式。

2. 信息经济

"信息经济"的概念可以追溯到20世纪六七十年代美国经济学家马克卢普和波拉特对于知识产生的相关研究。马克卢普(Fritz Machlup)1962年在《美国知识的生产和分配》中建立了一套关于信息产业的核算体系,奠定了研究"信息经济"概念的基础。1977年,波拉特在其博士论文中提出的按照农业、工业、服务业、信息业分类的四次产业划分方法,得到广泛认可。20世纪80年代,美国经济学家保尔·霍肯(Paul Hawken)在《未来的经济》中明确提出信息经济概念,并描述信息经济是一种以新技术、新知识和新技能贯穿于整个社会活动的新型经济形式,其根本特征是经济运行过程中,信息成分大于物质成分占主导地位,以及信息要素对经济的贡献。

3. 网络经济

"网络经济"概念的提出同20世纪90年代全球范围内因特网的兴起有着密切的联系。因此,网络经济又被称为因特网经济,是指基于因特网进行资源的生产、分配、交换和消费为主的新形式经济活动。在网络经济的形成与发展过程中,互联网的广泛应用及电子商务的蓬勃兴起发挥了举足轻重的作用。与知识经济、信息经济和数字经济相比,网络经济这一术语的区别在于它突出了因特网,并将基于国际互联网进行的电子商务看作网络经济的核心内容。

4. 数字经济

综上所述,知识经济强调知识作为要素在经济发展中的作用;信息经济强调信息技术相关产业对经济增长的影响;网络经济强调以因特网为主的经济资源的分配、生产、交换和消费等经济活动;数字经济则突出表现在整个经济领域的数字化。因此,知识经济、信息(产业)经济、网络(因特网)经济这些概念在同一个时代提出并不是相互矛盾或重复的,而是从不同方面描述当前正处于变化中的世界。"知识经济—信息(产业)经济—网络(因特网)经济—数字经济"之间的关系是"基础内容—催化中介—结果形式"。知识的不断积累是当今世界变化的基础,信息产业、网络经济的蓬勃发展是当代社会发生根本变化的催化剂,数字经济是发展的必然结果和表现形式。因而这几个概念相辅相成,一脉相传。①

(二) 数字经济内涵的演进

1. 初级阶段

随着信息通信技术(ICT)的不断发展,以及应用范围的不断扩大,数字经济的定义与内涵也随之不断演进。在数字化早期,各国对数字经济的定义着重于宏观经济下的信息技术产业和电子商务。美国统计局在1999年10月发表的《Measuring Electronic Business Definitions, Underlying Concepts, and Measurement Plans》中,建议将数字经济的内涵分为四大部分:(电子化企业的)基础建设,电子化企业,电子商务,以及计算机网络。但近年来随着数字化的不断推进,美国对于数字经济内涵的界定延伸到了三个方面:虚拟货币,如比特币;数字商品和服务的提供,包括数字广告、在线产品如音乐等;互联网对商业交易的提升,包括顾客匹配、分享经济等。

英国政府在2010年颁布的《数字经济法2010》中,将音乐、游戏、电视、广播、移动通信、电子出版物等列入数字经济的范畴,主要聚焦于保护文化产业的数字版权。而在《数字经济法2017》中,英国政府深化了数字服务方面的管理,包括注重推动数字服务的发展、规范数字文化产业中的犯罪行为、强调知识产权,以及构建数字化政府。由此可见,数字经济的定义与重点逐渐转移至应用与服务方面。

2. 发展阶段

数字经济正处于蓬勃发展的阶段,不断进步的数字科技以及不断加深的数字化融合程度使得数字经济的内涵和范畴都在持续更新和泛化,互联网、云计

---

① 何枭吟. 数字经济与信息经济、网络经济和知识经济的内涵比较[J]. 时代金融, 2011(10).

算、大数据、物联网、金融科技与其他新的数字技术应用于信息的采集、存储、分析和共享过程中,改变了社会互动方式。数字化、网络化、智能化的信息通信技术使现代经济活动更加灵活、敏捷、智慧。关于数字经济,目前最具代表性的定义来自2016年G20杭州峰会发布的《二十国集团数字经济发展合作倡议》。该倡议将数字经济定义为:以使用数字化的知识和信息作为关键生产要素、以现代信息网络作为重要载体、以信息通信技术的有效使用作为效率提升和经济结构优化的重要推动力的一系列经济活动。

(三) 中国数字经济发展的政策支撑

中国政府高度重视数字化发展工作。党的十五届五中全会提出,大力推进国民经济和社会信息化,是覆盖现代化建设全局的战略举措;党的十六大又进一步做出了以信息化带动工业化、以工业化促进信息化、走新型工业化道路的战略部署;党的十七大要求从贯彻落实科学发展观的高度,全面认识工业化、信息化、城镇化、市场化、国际化深入发展的新形势新任务,并提出了大力推进信息化与工业化融合的发展方向。2006年,在国家发展和改革委员会制定的《国民经济和社会发展信息化"十一五"规划》中,首次引入了国家统计局研究制定的信息化发展指数(IDI)的指标体系,并据此在"十一五"期间每年监测全国及各省区市的信息化发展水平和发展进程。

2016年12月,经李克强总理签批,国务院印发《"十三五"国家信息化规划》(以下简称《规划》)。《规划》指出,"十三五"时期是信息化引领全面创新、构筑国家竞争新优势的重要战略机遇期,是中国从网络大国迈向网络强国、成长为全球互联网引领者的关键窗口期,是信息技术从跟跑并跑到并跑领跑、抢占战略制高点的激烈竞逐期,也是信息化与经济社会深度融合、新旧动能充分释放的协同迸发期,必须加强统筹谋划,主动顺应和引领新一轮信息革命浪潮。

《规划》强调,要按照"五位一体"总体布局和"四个全面"战略布局,牢固树立创新、协调、绿色、开放、共享的发展理念,着力补齐核心技术短板,全面增强信息化发展能力;着力发挥信息化的驱动引领作用,全面提升信息化应用水平;着力满足广大人民群众普遍期待和经济社会发展关键需要,重点突破,推动信息技术更好服务经济升级和民生改善;着力深化改革,全面优化信息化发展环境,为如期全面建成小康社会提供强大动力。

《规划》要求,要坚持以惠民为宗旨、全面深化改革、服务国家战略、全球视野发展、安全与发展并重等主要原则,到2020年,"数字中国"建设取得显著成效,信息化能力跻身国际前列,核心技术自主创新实现系统性突破,信息基础设施达到全球领先水平,信息经济全面发展,信息化发展环境日趋优化;信息技术和经济社会发展深度融合,数字红利充分释放;信息化全面支撑党和国家事业发展,为国家治理体系和治理能力现代化提供坚实支撑。

《规划》提出了引领创新驱动、促进均衡协调、支撑绿色低碳、深化开放合作、推动共建共享、防范安全风险6个主攻方向;部署了构建现代信息技术和产业生态体系、建设泛在先进的信息基础设施体系、建立统一开放的大数据体系、构筑融合创新的信息经济体系、支持善治高效的国家治理体系构建、形成普惠便捷的信息惠民体系、打造网信军民深度融合发展体系、拓展网信企业全球化发展服务体系、完善网络空间治理体系、健全网络安全保障体系等10方面任务;确定了新一代信息网络技术超前部署、北斗系统建设应用、应用基础设施建设、数据资源共享开放、"互联网+政务服务"、美丽中国信息化、网络扶贫、新型智慧城市建设、网上丝绸之路建设、繁荣网络文化、在线教育普惠、健康中国信息服务等12项优先行动;提出了完善法律法规、创新制度机制、开拓投融资渠道、加大财税支持、着力队伍建设、优化基础环境等6个方面的政策措施。①

2017年3月5日召开的十二届全国人大五次会议上,"数字经济"首次被写入政府工作报告。国务院总理李克强在工作报告中表示,将促进数字经济加快成长,让企业广泛受益、群众普遍受惠。政府工作报告中还提出,扩大数字家庭、在线教育等信息消费;促进电商、快递进社区进农村,推动实体店销售和网购融合发展(O2O)。

2017年5月14日,国家主席习近平在"一带一路"国家合作高峰论坛开幕式上发表的主旨演讲中提到,"我们要坚持创新驱动发展,加强在数字经济、人工智能、纳米技术、量子计算机等前沿领域合作,推动大数据、云计算、智慧城市建设,连接成21世纪的数字丝绸之路。我们要促进科技同产业、科技同金融深度融合,优化创新环境,集聚创新资源。我们要为互联网时代的各国青年打造

---

① 国务院."十三五"国家信息化规划.中国政府网,2016-12-27.

创业空间、创业工厂,成就未来一代的青春梦想"①。

2017年10月举行的党的十九大在报告中强调:"加快发展先进制造业,推进互联网、大数据、人工智能和实体经济深度融合,在中高端消费、创新引领、绿色低碳、共享经济、现代供应链、人力资本服务等领域培育新增长点、形成新动能。"数字经济有望成为现代经济体系中的发动机。

三、数字经济的意义

数字经济因其独有的技术性和融合性,成为区别于传统经济的独特经济体。其特征主要体现在以下五大方面。

(一) 数字经济引领科技变革

数字经济的发展与信息科技的发展相辅相成、互相影响,主要体现在三个方面:

1. 基础设施形态的转变

人类历史上经历过数次技术革命,数字经济就是20世纪80年代信息通信技术革命的产物。这次技术革命将人类社会由工业时代的基础设施逐步转化为信息时代的基础设施。不仅包括计算机、互联网、电子通讯这些通信基础设施,同样包括数字化改造后的传统物理基础设施,如数字化交通系统、智能电器等。大数据、云计算、物联网以及区块链等技术的发展与普及也将直接作用于数字时代基础设施的进化与提升。

数字经济作为一种技术经济范式,其数字技术兼具基础性、广泛性、外溢性、互补性等特征。不仅会带来经济社会进一步的阶跃式发展,也将推动经济效率的高速提升,进而引发基础设施、关键投入、主导产业、管理方式乃至国家调节体制等经济社会最佳惯性方式的变革。具有强烈网络化特征的数字技术重塑了经济与社会,数字化的知识和信息成为最重要的经济要素。②

2. 数字化对创新产业的发展推动

数字经济对创新产业的影响可以分为以下三个方面:

---

① 2017年5月14日,国家主席习近平发表题为《携手推进"一带一路"建设》的主旨演讲。
② 中国信息通信研究院. 中国数字经济发展白皮书2017[R]. 2017-7.

第一,数字经济的发展推动了通信技术领域的科技创新,鼓励企业与个人对科技创新的投入,继而提高了科技创新的产出。自2012年以来,人工智能初创企业投资增长迅速。据CB Insight的统计数据显示,2016年全球人工智能领域的投资交易比2015年增长64%,共658宗,总融资额达50亿美元。美国五大科技公司微软、谷歌、亚马逊、Facebook以及苹果在人工智能领域的专利数目也相继攀升。

近年来,各国政府开始普遍认识到区块链技术在未来金融体系、公共服务、社会机制等方面存在巨大应用价值,并纷纷发布相关报告与政策,着力推动区块链技术在各领域的研究与应用。OECD在2014年发布的报告《衡量数字经济:一个新的视角》中指出,2011年度,经合组织地区的企业研发支出(BERD)总额中,信息通信技术生产行业和出版、数字媒体与内容行业的研发支出约占1/4。2014年,信息通信技术相关的专利占专利申请总数的1/3,数据挖掘专利的占比在十年间增至3倍,机器对机器(M2M)通信专利的占比增加了6倍。越来越多的创新产业聚焦高新科技领域,甚至着力开拓新兴未知领域。

第二,基于互联网的跨领域、协同化、网络化的特点,信息时代创新产业正在成为国家创新能力的核心和根本标志。多种多样的新型创新产业应运而生、蓬勃发展。数字经济的发展模糊了产业领域的界限,以及地理区域的限制,使得创新产业的发展更加开放、灵活、快速以及贴近用户。同时,互联网的连接性加大了创新产业的多元化,并在形式上降低了创业成本,鼓励融合创新、大众创新以及微创新。

第三,数据驱动型创新正逐渐广泛蔓延至各个领域,成为国家创新发展的关键形式和重要方向。以信息网络为载体的各种电子产品和服务将人与人、物与物以及人与物紧密连接,数据体量爆发式增长。数据资源的丰富影响了传统行业的生产管理,甚至产业模式。工业、农业、服务业都通过数据分析加深对产业各环节的理解,优化资源配置,精准定位市场及目标客户。新兴产业通过大数据发现更多待开拓的商业领域,促进产业的多面发展和市场的繁荣。

3. 数字化对人才构成需求的变化

数字时代对人才的要求不能仅满足于专业技能,数字技术已成为各行各业人才不可或缺的一项基本素质。计算机及移动设备在日常工作中的运用是各行各业在数字经济趋势下转型后的特点之一。能够使用数字设备,具备基础的计算机和网络知识,甚至利用工具实现简单的数据采集及整理工作成为数字时代对劳动力的基本要求。企业对专业人才的要求也不仅仅局限于专业领域的知识与能力,对互联网技术的掌握也成为企业寻找人才的基本诉求。而在互联网企业,信息技术人才的选拔同样也看重其对工业知识或者产业流程等知识的掌握。复合型人才已经成为企业与机构急需的劳动力类型。

各式各样的工作都对劳动力的数字素养提出标准更高的要求。《衡量数字经济:一个新的视角》中指出,ICT 行业对专业人员的需求超过 30%,但超过 60% 的欧盟劳动力认为自己的计算机技能不足以申请新工作。数字技术人才短缺的现象在世界各国都普遍存在,40% 的公司表示他们难以找到需要的技术人才。更为复杂的是,数字技术仅仅是一项基本要求,数字时代对人才的要求更加多元,跨领域技能、领导力以及创造力都将被列入考量范围之内。

随着数字经济在各行业领域的不断扩展,人们的工作形式以及工作内容都在不断转变。劳动市场对人才的需求不再受到地域的限制,通过网络聘用个人甚至团体都成为新时代的新选择。此外,数据时代的推进使得大部分简单劳动力将被逐步替代,各行各业对工作和任务的要求会更加偏向对人类核心能力的应用且机器无法完成的工作,并配合科技的使用带来生产力的提升。美联社(The Associated Press)于 2014 年已经开始启用名为 Wordsmith 的写作机器人发布财经报道。相比人工撰写,Wordsmith 每个季度生成的报道篇数超出 4 000 篇。在金融领域,人工智能也取代大批交易员,更快速有效地处理各种交易任务。德勤(Delottie)2017 年发布的全球人才报告中提出,根据对全球 140 个国家的劳动力进行调查,41% 的公司表示他们已经在工作中使用了人工智能代替部分劳动力,另外 34% 的公司正在对此开展试点项目。与此同时,职业技能的半衰期在不断缩短,员工必须持续学习新技能以应对动态变化的岗位要求。

(二) 数字经济推动社会生活演化

政府、公共服务机构以及其他组织的机制与决策更加透明和高效。公民通过互联网进行信息传播、舆论监督以及诉求表达。这不仅为公民行使权利和义务开辟了新的渠道,也为政府收集数据,进行高效率的现代化管理提供了方便。此外,数字化的人才平台大大提高了人才市场供需匹配的效率,使得各行业在信息时代对人才多元化的需求被快速有效地满足。麦肯锡(McKinsey)指出,数字化人才平台将在2025年为全球GDP总值贡献2兆7 000亿美元,并提供7 200万个全职职位。

数字经济的社会化融合改变了人们的生活、工作以及沟通方式,这种转变还在不断加速。它的出现极大地改变了个人、企业和社会之间传统的相互关系,并且与主要的社会经济系统产生重大的差异。数字技术的广泛应用减弱了国家与组织之间的物理界限,催生了众多民主参与、在线互动的网络社会圈与文化群,实现了跨越地域、种族、文化与宗教的互联。

另一方面,人与物、物与物的界限也都在被打破。人工智能(AI)、虚拟现实(VR)、增强现实(AR)等技术的发展使得"人机融合"得以实现。信息物理系统,以及各种探测器的出现使我们身边的物体能够自我管理、收集信息、远程控制、实时交互,实现物与物之间的紧密协作。综上所述,数字经济事实上是一种并行于工业经济、农业经济的经济社会形态。

(三)数字经济推动经济结构改变

数据体量的增长和产业的透明化逐渐打破了需求与供给之间的壁垒。信息技术的提升使得企业可以优化目标客户的搜寻过程,降低搜寻成本,从而优化供需端的经济结构,释放被浪费的资源,促进经济的增长。与此同时,大数据技术在用户需求的挖掘方面起到了至关重要的作用,企业能够通过数据进行用户画像,有针对性地设计更符合用户需求的产品,甚至实现面向更小众客户群体的个性化设计和生产,降低企业供给成本。

此外,产业结构的优化与改变也催生了新的经济模式,如分享经济的产生,以及线上线下融合的新产业模式。分享经济,又称作"协同消费",指消费者利用线上、线下的社区(团、群)、沙龙、培训等工具进行"连接",实现合作或互利消费的一种经济模式,包括在拥有、租赁、使用或互相交换物品与服务、集中采购等方面的合作。[①] 具有代表性的分享经济商业模式有Airbnb、Uber、滴滴、共享

---

① 腾讯研究院. 分享经济:供给侧改革的新经济方案[M]. 北京:中信出版社,2016:5.

单车等。

线上线下融合的新产业模式是指以线上平台为主要模式的企业开始发展线下服务,如开设门店、提供上门服务等,以及以线下经营模式为主的产业开始主动关注并搭设自己的线上平台,促进线上线下统一发展的融合型经济模式。这种模式不但激发了市场活力,也优化了服务质量,扩展了个体总边际收益。

(四) 数字经济对全球发展的影响

数字科技将全球各国更加紧密地联系在一起。在数字经济的影响下,电子商务、泛娱乐产业、信息服务以及人力资源都具有全球性。因此,世界各大组织均对数字经济保持高度关注。各国也纷纷推行相关政策着重发展数字经济,并制定了一系列区域合作发展策略。

中国在"一带一路"建设政策的制定与发展过程中,与多个国家进行政策协调,共建区域合作战略方针。2015年5月18日,中俄代表在上海合作组织工商论坛上讨论了"上海合作组织与欧亚经济联盟的新形势新机遇,意向性合作和财务机制"。双方就合作方式,以及欧亚经济联盟与"丝绸之路经济带"的数字化对接问题进行讨论。除此之外,还包括东盟(Association of Southeast Asian Nations)提出的互联互通总体规划、哈萨克斯坦(Kazakhstan)提出的"光明之路"、土耳其(Turkey)提出的"中间走廊"、蒙古国(Mongolia)提出的"发展之路"、越南(Vietnam)提出的"两廊一圈"、英国(Britain)提出的"英格兰北方经济中心"以及波兰(Poland)提出的"琥珀之路"等。与此同时,中国与老挝(Laos)、柬埔寨(Cambodia)、缅甸(Myanmar)、匈牙利(Hungary)等国的规划对接工作也全面展开。目前,中国已与40多个国家及国际组织建立了合作关系,同30多个国家展开机制化产能合作。①

在2017年5月举办的"一带一路"国际合作高峰论坛上,中国进一步与多个国家和组织签署了一批对接合作协议和行动计划。包括与蒙古国(Mongolia)、巴基斯坦(Pakistan)、尼泊尔(Nepal)、克罗地亚(Croatia)、黑山(Montenegro)、波黑(Bosnia and Herzegovina)、阿尔巴尼亚(Albania)、东帝汶(Timor-Leste)、新加坡(Singapore)、缅甸(Myanmar)、马来西亚(Malaysia)共同签

---

① 讯石光通讯."一带一路"国际合作高峰论坛:共建数字丝绸之路.讯石光通讯网,2017-5-15.

署的政府间"一带一路"合作谅解备忘录；与联合国开发计划署(UNDP)、联合国工业发展组织(UNIDO)、联合国人类住区规划署(UN-HABITAT)、联合国儿童基金会(UNICEF)、联合国人口基金(UNPF)、联合国贸易与发展会议(UNCTAD)、世界卫生组织(WHO)、世界知识产权组织(WIPO)以及国际刑警组织(INTERPOL)共同签署的"一带一路"合作文件；中国政府与匈牙利(Hungary)政府签署的关于共同编制中匈合作规划纲要的谅解备忘录，与老挝(Laos)、柬埔寨(Cambodia)政府签署共建"一带一路"政府间双边合作规划等。

资源的广泛传播与多方区域合作的全面开展，使得数字经济对全球各国的影响具有整体性。因此，数字经济局部的发展变化必将牵一发而动全身，直接或间接影响全球数字经济的发展。

第二章
全球数字经济发展概述

一、全球数字化发展路径

数字经济的发展促使全球化步入新的阶段——信息全球化。与传统路径相比,数字全球化具有两大特点:一是从实体物品的传输转向虚拟物品的传输;二是跨国数据流动产生巨大经济价值。

(一) 核心要素流动转变

随着信息技术的不断发展与加强,交通工具已经不再是全球化唯一的纽带,数字化平台成为新时代全球化的核心。全球数据流主要包括信息、检索、通信、交易、视频以及企业间的业务渠道。Facebook、YouTube、WhatsApp 成为全球前三的在线交流平台,面向全球客户。阿里巴巴、亚马逊、eBay、Flipkart、日本乐天作为世界领先的电子商务平台,其电子商务在全球物品交易中占比 12%。全球贸易也不再局限于实体货物,电子书、App、电子游戏、数字音乐、软件、云服务等虚拟产品也成为全球贸易的商品。除此之外,数字化人才平台为传统的人才就业以及自由职业者提供了新的求职渠道,极大地提高了人才的全球流动性。与此同时,信息与知识的流动也是全球化的新趋势,数字图书馆、在线教育平台、媒体杂志等不仅仅服务于本国,更面向全球用户。

(二) 跨国跨界数字流通

2007 年之前的 20 年,传统的全球化物品、服务与金融交易增加了两倍,为全球 GDP 贡献了 30 万亿美元,最高峰时占据 GDP 的 53%。到 2014 年,货物、服务以及金融的全球化交易跌至39%。虽然全球贸易及金融的流动失去了动力,但跨越国界的数据流动激增,创造了连接国家、企业及个人的错综复杂的网络。2005年至2014年,全球数据体量增长了45倍,促使全球GDP增长10%,产生价值7.8万亿美元。①

基于数字化对全球经济的影响日益深远,各国数字经济的发展都将在全球范围产生影响,同时,数字化竞争也常常跨领域、跨国界。因此,企业和国家都应保持警醒、建立联系、增强合作,致力于将数字经济的复合效应向有利于世界人民的方向发展,共同创造更大的利益空间。

在全球数字经济的发展过程中,处于全球双边贸易网络边缘的国家相较处于网络中心的国家,会获益更多,对其GDP的增长影响将超出处于网络中心的国家40%。外围国家能够利用数据流的传播开拓新的贸易市场,合作对象不再局限于少数邻国。此外,数据流通打破了地域对知识、信息及创新资源的限制,改善了信息资源发展不均衡的现象。对于相对落后的经济体,新的数字平台对贸易及人才发展的影响会更加深远。

二、全球数字经济发展战略

(一)全球数字经济发展概述

1. 数字经济发展基础

2015年7月,经济合作与发展组织(OECD)发布《数字经济概览:2015》;2016年1月,世界银行(World Bank)发布其旗舰出版物《2016世界发展报告:数字红利》,同年7月,世界经济论坛(WEF)发布《2016年全球信息技术报告——数字经济时代推进创新》;2017年2月,全球移动通信协会(GSMA)联合波士顿咨询(Boston Consulting Group)发布《拥抱数字革命:制定相应政策,打造数字经济》。这些报告均强调了发展数字经济的重大意义,并指出现有的信息技术基础设施仍有提升空间,应用方面的潜力仍未被完全开发。这些报告指出:政府应加速信息技术的应用以促进经济和社会福利的提升,并密切关注网络安全等

---

① 数据来自麦肯锡. 数字全球化报告. 2016.

问题,减轻科技变革可能带来的负面影响。并且鼓励各国政府制定战略发展政策,维持高速可靠的网络技术基础;鼓励相关投资以促进数字经济发展,加强区域化连接,发展数字化政府,提升公民的数字化参与度。

2. 亚太经合组织(APEC)

亚太经合组织在 2002 年的 APEC 第十次领导人非正式会议上通过了《关于执行 APEC 贸易和数字经济政策的声明》,以促进全球网络化贸易化环境建设为目的,首次为组织内进行贸易与数字等新经济领域的合作制定了政策框架。2005 年 5 月,亚太经合组织(APEC)第二十一届贸易部长会议在菲律宾长滩举行。会议就支持多边贸易体制、加强区域经济一体化及中小企业参与全球市场等议题进行了讨论。在此次会议中,来自 21 个成员国的电子信息官员协商颁布了电子信息工作组战略行动计划 2016—2020(APEC Telecommunications and Information Working Group Strategic Action Plan 2016–2020)。该行动计划鼓励各成员国加强电子信息基础设施建设,提升技术连通性、连贯性以及协调监管,发展数字科技在各领域的应用,最大化发挥协同作用。

3. 二十国集团(G20)

2016 年 9 月的杭州峰会将"数字经济"列为创新增长蓝图中的一项重要议题,共同探讨了利用数字机遇应对挑战、发展数字经济推动经济实现包容性增长的路径。在此次会议上,由中国倡导并通过了《G20 数字经济发展与合作倡议》,是全球首个由多国领导人共同签署的数字经济政策文件。继杭州 G20 峰会后,2017 年德国汉堡 G20 峰会继续聚焦和深入探讨数字经济这一重要议题,在更广泛的领域全面推进数字经济发展。

数字技术打破了地理位置对商业活动的限制,扩大了贸易参与范围,创造新市场并连接新用户。根据麦肯锡(Mckinsey)2014 年的统计,五千万中小型企业在 Facebook 上寻找客户,一千万在阿里巴巴,两百万在 Amazon。这些中小型电商中,大多数都拥有成熟的跨境业务。即使是最小的企业也具有全球性。在麦肯锡(Mckinsey)调查的全球 271 家初创公司中,86% 的科技初创公司一诞生就是全球化企业。

与此同时,个人也成了数字全球化的直接受益者。艺术家、企业家、软件开发者以及自由职业者都可以通过在线平台寻找合作及就业机会。每年有9亿人在互联网跨国交流;3.6亿人参与跨境电子商务;4 400万人通过数字平台为他国客户提供服务;接近1 300万人上网学习他国提供的网络课程。①

数字经济深入影响了全球化进程,使得世界各地间的连接范围更广,程度更深,内涵更多元。因此,世界组织及各国政府都将数字经济视为促进经济发展、提高国际竞争力、改善社会福利的必经之路。

(二) 国外数字经济发展战略

1. 美国数字经济发展

(1) 基础设施建设

美国政府自20世纪90年代开始关注数字经济,先后出台了多项政策与发展计划。这些政策大体分为三个方面:基础设施建设,数字发展战略,以及数字政府。

1993年,克林顿政府提出"国家信息基础设施行动计划(NII)",并于次年实施"全球信息基础设施行动计划(GII)",不仅加大了对数字技术基础设施的投资,也加强了社区、农村和边远地区的网络建设,使低收入家庭也有使用因特网的机会。②

2010年4月,美国联邦通信委员会(FCC)宣布了国家宽带计划落实纲要(National Broadband Plan),目标是在十年内连接1亿美国家庭,并且在移动创新领域处于全球领先地位,拥有世界上最快最广泛的无线网络。

2017年1月,美国国家电信与信息管理局(NTIA)与国家科学基金会(NSF)联合发布《国家宽带研究议程》(The National Broadband Research Agenda),重点关注四个方面的技术发展:新兴宽带基础设施与系统,宽带设施韧性与公共安全,下一代体系结构,安全与隐私。

这些战略带来了可观的成果。2009年年初,美国有线和无线宽带网络的投资已接近2 500亿美元。美国无线网络的年投资额在接下来的四年间以40%的速度增长,到2012年时已超过300亿美元,超过当时主要的石油、天然气和汽车公司。③ 美国也是第一个大规模部署4G(LTE)网络的国家,2015年时,83%的

---

① 数据来自 Mckinsey. Digital Globalization: The New Era of Global Flows[R]. 2016.
② 何枭吟. 美国数字经济研究[D]. 吉林大学,2005:86.
③ 张伟. 美国:数字经济重回快车道[N]. 经济日报,2013-8-13.

美国人已经能够连接到至少25Mbps速度的网络。①

（2）数据与科技战略

除去信息基础设施,大数据的开发与应用也是美国政府关注的重点。2012年3月,奥巴马(Obama)政府推出了"大数据研究与开发计划",该计划主要关注大数据研发的七个关键领域,并指定了七项战略方针,旨在促进人类对科学、医学和安全所有分支的认识,确保美国在研发领域继续发挥领导作用,通过研发来提高美国和世界解决紧迫社会和环境问题的能力。

美国政府注重通过构建数据驱动战略体系,来激发联邦机构和整个国家的新潜能、加速科学发现和创新进程,并为数字发展的未来培养人才,以期在数字化时代具备领先全球的竞争力。2016年5月,美国政府发布了《联邦大数据研究与开发战略计划》(The Federal Big Data Research and Development Strategic Plan),该计划制定了七项基本政策,对联邦政府各部门的大数据项目进行引导与拓展。这七项政策分别为：

① 利用新兴大数据基础、方法和技术来创造下一代数据能力；

② 探索并了解数据可信度和知识有效性,探索数据驱动的更佳决策,寻求突破性发现；

③ 加强大数据创新的网络基础设施研究,为联邦政府各部门提供支持；

④ 通过促进数据管理及分享的政策提升数据价值；

⑤ 了解大数据采集、共享、应用方面的隐私、安全和道德问题；

⑥ 改善全国大数据教育和培训的整体状况,从而满足对大数据人才日益增长的需求；

⑦ 建立并增强国家大数据创新生态系统中各方的联系。②

人工智能同样是美国政府关注的重点。2016年10月,美国白宫科技政策办公室(OSTP)下属国家科学技术委员会(NSTC)发布了《国家人工智能研究与发展战略计划》(National Artificial Intelligence Research and Development Strategic Plan)。报告探讨了人工智能的发展现状和应用领域,并提出了美国优先发展人

---

① 数据来自 2015 Broadband Progress Report. Federal Communications Commission. https://www.fcc.gov/reports-research/reports/broadband-progress-reports/2015-broadband-progress-report.

② The Federal Big Data Research and Development Strategic Plan.

工智能的七大战略方向及两方面建议,旨在推动人工智能发展以促进经济发展、提升教育机会与生活质量,并加强国土安全。这七项战略分别为:

① 对人工智能研究进行长期投资;

② 开发有效的人类与人工智能协作方法;

③ 了解并解决人工智能的伦理、法律和社会影响;

④ 确保人工智能系统的安全可靠;

⑤ 开发用于人工智能培训及测试的供给数据集合环境;

⑥ 制定标准和基准以测量和评估人工智能技术;

⑦ 更好地了解国家人工智能人力需求。

报告的最后给出了两条发展建议:① 开发一个人工智能研发实施框架;② 研究创建并维护一个健全的人工智能研发队伍的国家愿景。该计划是全球首份国家层面的人工智能发展战略计划,表明了美国政府对人工智能领域不断深化的认识及研究,以及对人工智能技术为社会提供积极影响的重视及努力。

(3) 数字政府

美国政府已将数字战略与技术发展及开放政府计划有机结合起来,以确保政府适应新数字世界,在数字经济的大趋势下保持国家竞争力、获得更多话语权。一直以来,美国政府将信息视为国家资产进行管理,尽可能向公众开放数据,从而提高政府工作效率、促进私营部门创新、鼓励科学发现和促进经济增长。

2009年1月,奥巴马(Obama)政府签署了《透明和开放政府备忘录》,呼吁建设一个更加透明、易于参与的协作型政府。同年5月,美国率先建立了政府数据开放网站Data.gov,鼓励社会各界对海量数据进行创新应用。

为了提高联邦政府的运行效率,以及更快速地响应公众需求的能力,美国联邦政府CIO委员会于2011年2月颁布了《联邦政府云战略》(Federal Cloud Computing Strategy)。2012年5月,美国政府发布了数字政府战略(Digital Government Strategy),旨在为美国民众提供更好的数字服务,使随时、随地、通过任何设备访问高质量的数字政府信息和服务成为可能,确保美国政府适应数字时代,抓住机遇,以智慧、安全、实惠的方式使用数据资源,以及开放政府数据鼓励创新,并进一步提升政府服务品质。

2013年6月,奥巴马(Obama)总统和其他西方七国集团领导批准了《开放数据宪章》(Open Data Charter),确立对政府数据公开并继续保护公民隐私的基本方针,鼓励民众了解并参与供给政策的讨论。

2. 英国数字经济发展

英国数字经济处于全球领先地位,并成为英国经济增长的主要驱动力。为缓解2008年国际金融危机影响下的经济重创,调整产业结构,实现产业振兴,2009年6月,英国政府推出了《数字英国》计划,旨在通过改善基础设施,推广全民数字应用,提供更好的数字保护,从而将英国打造成世界的"数字之都"。该计划在宽带部署、移动通信、广播升级以及互联网管制方面皆制定了相关具体措施,目的是实现数字网络现代化,打造良好的数字文化创意产业环境,鼓励英国民众提供数字内容,确保所有人公平接入,以及完善政府电子政务建设。这项战略也成为英国数字经济领域文化产业和分享经济发展的重要推动因素,是英国数字经济发展的起点。

2013年6月,为进一步促进数字经济发展,英国政府颁布了《数字英国战略2013》,确定了四个主要目标:

① 建立一个强大的创新型数字经济部门,向世界出口最先进的产品和技术;

② 促进英国企业,特别是中小型企业积极使用信息技术和数据资源;

③ 保证公民从数字时代中受益;

④ 提升技能人才和基础设施的应用以巩固英国信息产业发展。[①]

该战略从技术创新、集群发展、市场产业链、公众需求、人才教育以及其他专项建设等多个方面入手,制定了发展目标及行动纲要,明确了英国数字经济在短期内的发展方向。

2015年2月16日,英国技术战略委员会(TSB)"创新英国"发布《英国2015—2018年数字经济战略》,倡导通过数字化创新来驱动经济社会发展,为把英国建设成为未来的数字强国做出战略部署。该战略主要关注数字化创新及其

---

① HM Government. Information Economy Strategy. 2013. https://www.gov.uk/government/uploads/system/uploads/attachment_data/file/206944/13-901-information-economy-strategy.pdf

应用,聚焦用户需求,构建数字设施、平台以及生态环境,整合创新技术资源及其商业、法律和监管环境,确保数字化发展的可持续性。

2017年3月,英国发布最新的《英国数字战略》,目标是在2025年将数字经济对英国经济的贡献值从2015年的1 180亿英镑提升至2 000亿英镑。该战略从技术基础、人力资源、投资及政策方面制定了七大战略方向:

① 链接战略。致力于打造世界级的数字基础设施,使宽带接入成为公民基本权利,加速推进网络全覆盖建设。

② 数字技能与包容性战略。为每个公民提供提升其数字技能的培训机会,降低学习成本,为数字经济的发展培养适合的技术人才,并探索更好的人才培育模式。

③ 数字经济战略。加大资金投入与政策支持,为科技创新和数字创业提供良好生长环境。

④ 数字转型战略。帮助每一个英国企业实现数字化转型,缩小差距,提高生产效率。

⑤ 网络安全战略。确保技术、数据以及网络的安全,保护企业、公民以及公共服务的利益;投资和鼓励网络安全行业发展以及人才的培养和输出,并重点关注儿童网络安全。

⑥ 数字政府战略。打造全球领先的数字政府,为公民提供更好的在线服务。

⑦ 数据经济战略。打造数据驱动型经济,采取多重举措释放数据在英国经济中的潜力,同时加强数据保护和数据开放共享。

3. 欧盟数字经济发展

欧盟的数字经济推进历程大体分为四个阶段:

第一阶段以1993年《成长、竞争力与就业白皮书》的发表并提出欧洲信息社会具体意见为标志,重点在于加快信息社会的网络基础建设。

第二阶段以2000年3月《里斯本战略》的颁布及实施为标志。该战略目标是要在2010年前成为"以知识为基础的、世界上最有活力和竞争力的经济体",并将四大应用方向——电子政务、电子医疗与卫生、电子教育与培训、电子商务——作为推动信息社会发展的主要支柱。

第三阶段开始于2005年6月,以《i2010——建立充满经济增长和就业机会的欧洲信息社会》为标志。该战略鼓励开放、竞争的数字经济,强调ICT是提高包容度和生活品质的推动力。作为"里斯本战略"新的配套政策,为促进增长和扩大就业,i2010将采取综合措施,制定欧盟信息社会和视听媒体发展政策。这项计划提出了三个优先政策:为欧盟信息社会和媒体行业创建一个开放、有竞争力的单一市场;促进一个有包容性的欧洲信息社会的形成;将欧盟对ICT技术的研发投入提高80%。①

第四阶段的标志是2010年的"欧洲数字议程",以及2015年的"数字单一市场"战略的发布。2010年的"欧洲数字议程"是"2020欧盟战略"中提出的七大旗舰计划中的首个计划。欧委会针对当前影响欧盟信息技术发展的7大阻碍进行了分析,并提出应对这些障碍的7项行动方案。"单一数字市场战略"旨在打破欧盟境内的数字市场壁垒,建立统一的电信服务、版权、IT安全、数据保护等多个领域的法律法规。

该战略确立了数字经济增长潜力最大化的三大支柱和十六项具体行动措施:

第一大支柱是为个人和企业提供更好的数字产品和服务,其中包括出台措施促进跨境电子商务发展;保障消费者权益;提供速度更快、价格更实惠的包裹递送服务;打破地域界限,改变同种商品不同成员国不同价的现状;改革版权保护法;推动提供跨境电视服务。

第二大支柱是创造有利于数字网络和服务繁荣发展的环境,包括全面改革欧盟的电信领域规章制度;重新审查视听媒体组织框架以适应时代需求;全方位分析评估搜索引擎、社交媒体、应用商店等在线平台的作用;加强数字化服务领域的安全管理,尤其是个人数据等。

第三大支柱是最大化实现数字经济的增长潜力,包括提出"欧洲数据自由流动计划",推动欧盟范围的数据资源自由流动;在电子医疗、交通规划等对单

---

① European Information Society – i2010. http://www.arma.org/rl/membership/international-membership/international-corporations/european-information-society-i2010

一数字市场发展至关重要的领域,推动建立统一标准和互通功能;建成一个包容性的数字化社会,使民众能抓住互联网发展带来的机遇和就业机会。①

欧委会(European Commission)2016年5月发布的《欧洲数字化进程报告2016》显示,欧盟在推行数字化战略上取得了一定的成效。截至2016年,71%的欧盟家庭可接入宽带,预计2020年可以实现高速宽带全覆盖。除此之外,移动宽带的用户比例从2014年的64%增长到了2016年的75%。

总而言之,通过对世界各国历年来发布的数字经济相关政策进行统计研究发现,各国的数字经济战略均经历了从信息化基础设施建设,到利用数字化技术全面改善国民生活质量,再到推动数字产业与传统产业融合发展的过程。多数国家的数字经济战略具体包含以下四个方面:① 提升互联网质量,加大网络覆盖率;② 推动大数据及高科技产业的科研与发展;③ 发展数字政府;④ 根据国情特色大力推动数字产业融合发展。

三、国外数字经济对产业转型的推动

数字化产业的蓬勃发展以及数字技术对传统产业生产力的巨大提升,是数字经济成为影响宏观经济重要元素的主要原因。因此,世界各国均根据国情及国家支柱产业的发展状况制定了相关发展政策。如美国利用本国高科技人才丰富、核心技术资源丰富的特点,一方面制定重振制造业策略,以发展智慧工业为动力提升就业率,重振经济活力;另一方面加大人工智能等科学技术的研发投入,以核心技术为支撑,巩固其在数字时代的全球领先地位,争夺国际话语权。再如,日本依托本国信息技术强的长板,发布《创建最尖端IT国家宣言》,并发布《机器人新战略》,以期在数字时代用技术跑赢世界其他国家。而德国根据本国工业制造业发达,并且具有世界影响力的特点,提出工业4.0的概念,旨在通过打造智能制造的新标准来巩固其全球制造业的龙头地位,以"确保德国制造的未来"。

---

① 全球数字经济动态的博客.欧洲数字化单一市场战略全文(三)[R].2015. http://blog.sina.com.cn/s/blog_156896d440102watu.html

（一）农业数字化转型

联合国预测①，世界人口将在 2050 年前超过 90 亿，并到本世纪末突破 100 亿大关。为了确保向迅速激增的人口提供足够的粮食，全球农业需要在比现有耕地多 5% 的土地上增产 70%。为了最大化土地生产力，应用数字科技准确预测农作物生长状况，实现精准农业是不二选择。

美国农业部（USDA）和国家电讯信息局（NTIA）于 1993 年就开始联合实施"农村设施服务计划"，每年拨款 15 亿美元用于推动农村和边远地区的因特网发展。截至 2007 年，美国配有互联网接口的农场数量已达到 55%，拥有计算机的农场数量达到 59%。

完善的 ICT 设施与互联网帮助美国农业利用自动控制技术和网络技术实现了农业数据资源的社会化共享。1975 年由内布拉斯加大学（The University of Nebraska）创建的世界上最大的农业计算机网络系统 AGNET，覆盖全美 46 个州、加拿大的 6 个省，以及除美国、加拿大以外的 7 个国家，连通美国农业部、15 个州的农业署、36 所大学和大量的农业企业。用户通过家中的电话、电视或电脑，就能轻松查阅共享网络中的信息资源。从而使农业生产者能及时、准确、完整地获得市场信息，有效减少农业经营的生产风险。此外，美国国家农业数据库（AGRICOLA）、国家海洋与大气管理局数据库（NOAA）、地质调查局数据库（USGS）等规模化、影响大的涉农信息数据中心（库）实行"完全与开放"的共享政策。已经形成"计算机集成自适应生产"模式，将生产参数信息（气候、土壤、种子、能源等）、资金及劳动力信息进行整合与计算，帮助生产者选定最佳种植方案，并在农作物的生长过程中，根据局部气候变化，进行自适应喷水、施肥、施药等农业活动。②

与此同时，精准农业利用 3S 技术[遥感技术（RS）、地理信息系统（GIS）和全球定位系统（GPS）]，准确观测田间因素的变化，精确调整各项管理措施，最大限度地开发土地与农作物的潜能，以达到产量最大化、经济效益最大化的目标。近年来，农用无人机应用的增加，提高了农场环境的管理效率，从而提高产

---

① United Nations: World Population Prospects. The 2015 Revision.
② 易信. 说说美国农业信息化[J]. 农产品市场周刊, 2013(39).

量、生产率和收益。无人机收集和分析特定土地植物种群的可视化和多频谱数据,并将数据上传至云端,方便进行储存和远程操作。农田管理软件将采集的数据和图像信息进行处理与整合,进一步提升精细化耕作。

随着经济的持续发展,农业劳动工作者的比例也在逐年递减。GDP 每增加 1%,农业从业者将减少 0.52%。因此,使用机器人或自动化机器代替人类进行信息处理以及农业劳动也是一大趋势。如今,各式各样的农用机器人已经在全球被广泛使用。机器人已经能够代替人工完成大部分传统农业活动,如耕地、播种、收货、挤牛奶等。

(二) 制造业数字化转型

1. 美国重振制造业

为了重振受金融危机影响持续萎靡的经济现状,美国政府在大力推广数字经济的同时,也努力为传统产业寻求数字化转型的道路。2009 年 12 月,奥巴马政府公布《重振美国制造业框架》,2011 年 6 月启动《先进制造业伙伴计划》,又在 2012 年 2 月推出《先进制造业国家战略计划》,并着手筹建数十个国家制造中心。这些战略推动美国工业发展回暖,并形成两大趋势:高附加值、高技术含量的科技产业将向美国回流;劳动密集型产业将从中国转移至其他成本更低的发展中国家。

2014 年,美国政府再次推出了《振兴美国先进制造业和创新法案 2014》,该计划确立了优先发展的三大技术领域,分别是:

① 先进传感器、控制和制造平台技术(Advanced Sensing, Control and Platforms for Manufacturing, ASCPM):创造了新的使用数据和信息的方法,帮助实现网络资产和物理资产的无缝交互。

② 可视化、信息化和数字化的制造技术(Visualization, Informatics and Digital Manufacturing, VIDM):涵盖了数字化设计、原材料的计划、采购和交付,以及定制化产品制造的整个过程,可帮助提高生产率、加强产品和流程的敏捷性、增强环境的可持续性。

③ 先进材料制造技术(AMM):应对未来多部门、多行业高端材料研发的冲击,以及材料供给不稳定给国家安全和竞争带来的影响。

这项法案规定了2014—2024财年政府对创新中心的资助要求,计划打造包含45个制造创新研究所在内的国家制造创新网络,目前已设立3D打印、数字制造和设计、轻量金属、下一代电力电子制造、先进复合材料制造、集成光电子制造、灵活混合电子、智能制造等8个研究所。

美国先进制造业战略,意在将其信息通信领域的突出优势,与材料、工艺、装备等工业领域的既有优势相结合,推动新一代制造技术与制造模式的创新与产业应用,由此带动美国制造业竞争力的全面提升,重塑其在全球制造业领域的领先优势。[①]科技创新成为美国振兴制造业的核心,美国产业界不断开辟新科技领域,推进前沿科技,在关键技术领域保持领先,并注重科学技术的交叉相融,不断推出更加智能化、创新化、柔性化的新产品。

2013年,通用电气公司(GE)推出带有储能功能的智能风机,将效能提高了25%。2015年,IBM突破量子芯片的技术瓶颈,构建了量子芯片的原型电路,为真正的量子计算机奠定了重要基础。同年,苹果公司通过整合柔性机壳、电池等配件,生产出可弯曲、可折叠的电子产品。[②]这些不断涌现的科技成果提高了美国制造业的产品强度和能效优势。

2. 德国工业4.0

为了应对美国等发达国家的"再工业化"以及以中国为首的新兴国家制造业崛起带来的冲击,德国于2011年推出《未来图景"工业4.0"》(Zukunftsbild Industrie 4.0),正式提出工业4.0的概念。在机械化、自动化和信息化的基础上,建立智能化的新兴生产模式与生产结构。

德国工业4.0的具体内容可被概括为"一个网络""两大主题""三项集成"和"八项举措"。

"一个网络"是信息物理系统网络,指将信息物理系统接入互联网,使物理设备具有计算、通信、精确控制、远程协调和自治五大主要功能。

"两大主题"是智能工厂和智能生产。智能工厂重点研究智能化生产系统及过程和网络化分布生产设施的实现,是数字世界和现实世界的融合。智能生

---

① 腾讯研究院.数字经济:中国创新增长新动能.2017:111.
② 腾讯研究院.数字经济:中国创新增长新动能.2017:112.

产的重点在于将人机互动、智能物流管理、3D打印机等先进技术应用于工业生产的全过程,从而形成高度灵活、个性化、网络化的产业链,实现广泛的自动化控制。

"三项集成"是指横向、纵向以及端对端集成。横向集成是企业间通过价值链和信息网络进行资源整合与无缝合作;纵向集成是指个性化需求定制生产代替传统固定式生产流程;端对端集成是指贯穿整个价值链的工程化数字集成。这些集成的实现需要通过虚拟实体系统使无处不在的传感器、嵌入式终端系统、智能控制系统以及通信设施形成一个智能网络。

"八项举措"是指"德国工业4.0"的实现需要在八个关键领域采取行动:标准化和参考架构、管理复杂系统、为工业建立全面宽频的基础设施、安全和保障、工作的组织和设计、培训和持续的职业发展、规章制度、资源利用效率。

德国工业4.0战略的核心就是通过虚拟实体系统网络实现人、设备以及产品的实时连通、相互识别和有效交流,进而构建一个高度灵活的个性化、数字化的智能制造模式。①以奥迪公司为例,2030年的奥迪智能工厂将不再使用传统的生产流水线,客户通过三维扫描获得身体尺寸进行个性化定制,由3D打印机打印车身零部件,通过无人机在车间内传递,工人与机器人协同工作,成品汽车以自动驾驶的方式驶离装配线。目前,奥迪已经实现了智能制造,其增强现实系统"世界之窗"(Window to the World)能够将虚拟3D零部件投影到汽车上,进而实现数字世界和物理世界的精准对接。②

(三) 公共服务业数字化转型

服务业在全球数字化的影响下,通过数字化融合发展经历了巨大的转变,典型行业包括数字教育、数字媒体、数字医疗、数字交通等。

数字教育具有普遍应用性,可以解决教育资源不足、分配不均等问题,并提升教育的转化效率。因此,数字教育得到了全球各国政府的大力支持。美国是最早开始发展数字教育的国家之一。"学校及图书馆项目"计划每年投入39亿美元,用于给学校及图书馆提供稳定的高速宽带。2012年3月,美国教育部

---

① 腾讯研究院. 数字经济:中国创新增长新动能. 2017: 117-118.
② 彭俊松. 工业4.0驱动下的制造业数字化转型[M]. 北京:机械工业出版社,2016:1,6.

(ED)和全美联邦通信委员会(FCC)宣布实行美国数字化教育的第一个五年计划,目标在2017年前后在全美K-12公立学校普及数字化课本。2014年秋,美国政府继续推出了"未来准备承诺"项目,旨在帮助学校充分利用信息技术使学习活动更加个性化,并提供高质量的数字教学内容培养学生探究力和创造力。

云图书馆以及大型开放式网络课程(MOOC)也是数字教育的体现。美国的云图书馆计划是由OCLC研究中心、HathiTrust数字图书馆、纽约大学Bobst图书馆、研究型馆藏获取和保存联盟四方为适应云发展联合策划和实施的项目,旨在将庞大的印本图书转化为便于储存、管理、检索、分享的数字图书馆,并为图书类文本分析提供资源和渠道。与此同时,各高校及网络平台大力推广在线网络课程,不仅扩大了知识的传播范围,便于用户进行再培训,提高民众数字素养,并且开辟了如翻转课堂等新的学习方式,提高学习效率,强化学习效果。

随着科技的发展,VR/AR技术将会加入数字教育,带来更加无缝融合的数字环境,建立平衡而有深度的学习框架。VR/AR技术带来的沉浸式学习体验能够为师生提供更丰富生动的教育场景以及"实操"机会,带来全新的学习体验,影响学习者的学习习惯和思维方式。

数字媒体除了线下媒体转线上媒体外,计算机算法及人工智能的提升都将为传统的媒体方式带来新变化。媒体可以根据大数据对用户的分析,更有针对性地点对点投放定制信息,提高转化率,同时改善旧有的信息接收模式。人工智能方面,自动写作软件的适用范围越来越广,从金融财经到教育、体育以及公共安全,AI在内容产品领域的参与度也在逐步加深。

数字医疗是提升医疗资源、提高医疗质量的重要发展方向,是解决看病难、看病贵的关键方法。谷歌DeepMind团队开发的Streams产品能在短短几秒钟内查看并判断存在急性肾脏损伤风险的患者的验血结果,并给出优化治疗方案;IBM的Watson可以快速检索60万份医疗报告以及150万份癌症病例,并给出智能排序后的治疗方案清单,帮助医生制定个性化治疗方案。

数字交通是"智慧城市"的一部分,物联网的发展和智能设备的普及,使得获取交通数据更加便捷和多维。手机通信数据、停车数据、ETC(电子收费系统)收费数据、气象数据等多元大数据,帮助实现城市范围内交通数据的充分融合和精确感知,从而实现城市交通的智能化控制。快速发展的自动驾驶技术将改变未来交通模式。根据相关研究预测,2035 年前,全球具备无人驾驶功能的车辆将达到 1 800 万辆,其中 1 200 万辆具备完全无人驾驶功能。目前各国已开展自动驾驶立法研究,美国国家公路交通安全管理局(NHTSA)在 2013 年就已发布《自动驾驶汽车的基本政策》,用于规范自动驾驶汽车的测试监管。2016 年 3 月,联合国(UN)通过《维也纳道路交通公约》关于自动驾驶技术的修正案,规定在全面符合联合国车辆管理条例或者驾驶员可以选择关闭该技术的情况下,将驾驶车辆的职责交给自动驾驶技术可以被允许应用到交通运输当中。

四、国外网络信息安全与管理借鉴

数字经济的迅速渗透使得互联网已经成为我们日常生活中不可或缺的一部分。无论是日常生活的娱乐、购物、在线支付,还是公司运营中的办公与生产,都离不开互联网。网络安全问题是各国发展数字经济需重视的主要问题之一。网络安全是影响社会各个层面的战略性国家问题,制定国家网络安全战略是提升国家基础设施和服务安全以及可恢复性的重要手段。

2017 年 5 月 12 日,新型"蠕虫"式勒索病毒爆发,快速席卷 100 多个国家及地区的数万台电脑。这次感染的病毒在其传播过程中使用了前段时间泄露的美国国家安全局(NSA)黑客工具包中的"永恒之蓝"漏洞,使其在短期之内得以迅速传播。病毒将受感染的电脑及终端系统进行加密,并向用户勒索高额比特币赎金。这次病毒影响全球绝大部分国家的医疗、交通、教育、公共安全等社会基础设施系统的正常运转,造成全球范围的严重损失。

为了应对日益严重的网络信息安全问题,目前世界主要经济体做法如下:

(一) 美国的做法

2016 年 2 月 9 日,奥巴马政府公布《网络安全国家行动计划》(CNAP),该计划从提升网络基础设施水平、加强专业人才队伍建设、增进与企业的合作等方面入手,全面提高美国在数字空间领域的安全。计划的主要举措有:

① 由顶尖企业与技术专家共同建立"国家网络安全促进委员会"(Commission on Enhancing National Cybersecurity),共同起草网络安全技术与政策十年发展规划;

② 拨款 31 亿美金作为信息技术现代化基金,用于升级已过时或难维护的

政府 IT 和网络安全管理基础设施;

③ 通过"国家网络安全联盟"(the National Cyber Security Alliance)发起新的国家网络安全宣传行动(National Cybersecurity Awareness Campaign),对信息消费者进行网络安全意识培训,加强用户在线账户的保护,除密码外,辅以指纹、短信发送一次性密码等更多安全措施。①

特朗普于2017年1月上任美国总统后,提出将建立由军方、执法机构和私营部门组成的网络审查小组,致力于审查包括关键基础设施在内的美国网络防御的状况。"网络空间"早已成为美国国防部的作战范畴,网络战成为与陆战、海战、空战以及太空战并行的第五种作战形式。

(二) 英国的做法

2016年11月1日,英国颁布《网络安全战略》,该战略涵盖八项内容,包括开展国际行动、加大干预力度、借助工业界力量、改进武装部队网络技术、提升网络攻击应对能力、启动国家网络安全中心、成立两个网络创新中心、促进网络人才培养等,计划投入19亿英镑,用于提升网络防御技术,加强网络空间建设。

2017年2月14日,英国国家网络安全中心(NCSC)宣告成立,该中心由网络评估中心、计算机应急响应小组和情报机构政府通信总部的信息安全小组合并而成,旨在打造"安全、繁荣、自信、能够抵御网络威胁的数字世界"。该中心目前从事的项目包括:增强电子邮件的安全性;扫描公共组织的系统漏洞;鼓励创新身份认证模式;开展默认安全伙伴计划;自动过滤实现网络保护;完善软件生态系统;减少攻击和应对安全事件;在研究、创新和技能上提升网络安全能力;等等。

除上述措施外,英国政府也十分重视网络安全方面人才的培养。英国情报机构政府通信总部(GCHQ)曾于2015年3月实施"Cyber First"计划,通过各类竞赛挖掘潜在人才,培养"下一代网络安全专家"。NCSC成立后,继续通过制定战略、举办大赛、提供培训、保障就业、交流互动等方式加强人才优势,争取在网络安全建设的竞争中抢占先机。②

---

① 美国白宫. 网络安全国家行动计划(2016年2月). 中国信息通信研究院,2016-2-18.
② 吴沈括,石嘉黎. 英国国家网络安全中心的运作经验[N]. 人民邮电报,2017-6-13.

（三）欧盟的做法

2016年7月6日，欧盟立法机构通过《网络与信息系统安全指令》，旨在加强基础服务运营者和数字服务提供者的网络与信息系统的安全，提高欧盟应对处理网络信息技术故障的能力，提升欧盟打击黑客恶意攻击及跨国网络犯罪的力度。其核心内容有四项：

① 要求成员国制定网络安全国家战略，以应对日益激增的网络安全事故；

② 要求加强成员国之间的合作与国际合作，整体提升欧盟对网络安全威胁和事故的应对能力；

③ 确立网络安全事故通知与分享机制；

④ 对数字服务提供者采取轻监管思路，避免过度监管对物联网行业发展产生不利影响。[①]

互联网在削弱地域局限的同时也增加了安全隐患。信息数据的产生与流动蕴藏着巨大价值，因此保护信息与网络安全将是数字经济发展的重要一环。

在数字经济蓬勃发展的当下，只有掌握核心资源、拥有更多话语权、不断提高综合竞争力，才能在这场变革中立于不败之地。

---

① 腾讯研究院. 欧盟最新网络安全指令对我国网络安全立法的启示. 2016-8-16.

第三章
中国数字经济发展现状

一、中国数字经济发展概况

（一）中国数字经济发展战略

2013年8月,中国国务院发布了"宽带中国"战略实施方案,这是宽带设施建设首次成为国家战略性公共基础设施。该战略目标是在2015年基本实现城市光纤到户、农村宽带进乡入村、固定宽带家庭普及率达到50%、3G/LTE用户普及率达到32.5%。根据方案提出的目标,到2020年,宽带网络全面覆盖城乡,固定宽带家庭普及率达到70%,3G/LTE用户普及率达到85%。形成较为健全的网络与信息安全保障体系。

数据显示:截至2017年6月,中国网民规模达到7.51亿,占全球网民总数的五分之一,互联网普及率为54.3%,超过全球平均水平4.6个百分点;手机网民规模达7.24亿,网民中使用手机上网的比例由2016年年底的95.1%提升至96.3%,手机上网比例持续提升。[①] 目前中国宽带用户规模居全球第一,高速泛在的信息基础设施已基本形成。预计到2020年,中国固定宽带用户将达到3.5亿,固定宽带家庭普及率达到70%以上,其中光纤用户占比达97%。[②] 与此同时,中国早已着手进行5G网络的研究,2016年9月完成了第一阶段测试,同年

---

① 2017年中国互联网络信息中心发布的第40次《中国互联网络发展状况统计报告》。
② 数据来自工业和信息化部。

11 月继续发布了第二阶段测试的技术规范,并于 2017 年 6 月在广州开通首个 5G 基站,计划 2020 年将 5G 投入商用,开启万物互联的时代。

2015 年 7 月,国务院发布《关于积极推进"互联网+"行动的指导意见》,旨在加强数字经济与传统产业的融合。目标是到 2018 年,互联网与经济社会领域的融合发展进一步深化,基于互联网的新业态成为新的经济增长动力,互联网支撑大众创业、万众创新的作用进一步增强,互联网成为提供公共服务的重要手段,网络经济与实体经济协同互动的发展格局基本形成。到 2025 年,网络化、智能化、服务化、协同化的"互联网+"产业生态体系基本完善,"互联网+"新经济形态初步形成,成为经济社会创新发展的重要驱动力量[①],"互联网+"的推动将进一步促进产业升级、提升公共利益、加速经济发展。

2015 年 5 月至 2016 年 7 月,中国先后出台《中国制造 2025》《促进大数据发展行动纲要》《国家信息化发展战略纲要》等一系列文件,为数字经济的发展提供了政策、技术等各方面的指导与支持。其中《国家信息化发展战略纲要》为未来十年国家的信息化发展提出了三步走的战略方针:第一步,到 2020 年,核心关键技术部分领域达到国际先进水平,信息产业国际竞争力大幅提升,信息化成为驱动现代化建设的先导力量;第二步,到 2025 年,建成国际领先的移动通信网络,根本改变核心关键技术受制于人的局面,实现技术先进、产业发达、应用领先、网络安全坚不可摧的战略目标,涌现一批具有强大国际竞争力的大型跨国网信企业;第三步,到本世纪中叶,信息化全面支撑富强民主文明和谐的社会主义现代化国家建设,网络强国地位日益巩固,在引领全球信息化发展方面有更大作为。该战略纲要旨在大力推动数字化建设,使其成为中国面对国际竞争的新优势,并为国内经济增长新态势持续注入活力,同时降低数字设施应用成本以全面提升社会福祉。此外,自 2012 年起,国家发展改革委、国家工业和信息化部以及国家测绘地理信息局已开启了智慧城市以及国家信息消费城市分批试点,为大力推动数字经济的城市化建设奠定了基础。

---

① 国务院关于积极推进"互联网+"行动的指导意见,国发〔2015〕40 号。

（二）中国数字经济总体规模

数字经济已经成为国内生产总值的重要组成部分。数据显示[1]：1996—2014年全国信息经济的年均增速为23.79%，是同期GDP年均增速的1.84倍。2014年中国信息经济的总体规模达2.73万亿美元，在GDP中占比26.3%。2016年更新为数字经济这一概念后，中国信息化百人会课题组发布的报告显示，2016年中国数字经济规模达22.4万亿人民币，在GDP中占比30.1%，增长速度高达16.6%，位于同时期的世界第一位。

数字经济逐步成为中国经济发展的核心动力，并将为各行各业带来新的发展契机。研究表明[2]："互联网+"数字经济指数每增长一个点，GDP大约增长1 406.02亿元；据测算，2016年全国"互联网+"数字经济指数上升了161.95个点，由此估算出全国数字经济总体量约为22.77万亿元，在2016年GDP总量中占比30.61%。此外，"互联网+"数字经济指数每增长一个点，则新增城镇就业人数大致1.73万人，由此可估算出2016年数字经济为全国带来新增就业人口280.17万。

该研究显示，中国"互联网+"数字经济指数由基础分指数、产业分指数、双创分指数以及智慧民生分指数共四部分的加权平均值相加构成。其中，基础分指数由来自微信及手机QQ的移动互联网产品数据以及腾讯云计算平台的四个用量指标构成；产业分指数取自三大类行业微信公众号的十大特征值，移动支付数，以及京东、滴滴、携程、新美大这四家行业领先的互联网公司的交易及流量数值；双创分指数由新增App数量及有效创业项目数量构成；智慧民生指数来自对公共服务项目价值和质量的测评，以及用户活跃度、满意度等指标。这四项分指数中，产业分指数在2016年增长最快，增速达到190.78%，细分行业中表现最为强劲的是医疗健康、交通物流以及教育行业，其增幅分别为397.61%、307.77%以及304.88%。由此反映出过去一年里各产业在数字化进程的推进中取得的重大成果，以及部分产业消费升级带来的正面经济影响。

---

[1] 中国信息化百人会课题组．信息经济崛起：区域发展模式、路径与动力[M]．北京：电子工业出版社，2016．

[2] 腾讯研究院发布的《2017中国"互联网+"数字经济指数》。

该研究分析,在中国各大城市中,北京、深圳、上海、广州的数字化进程较为领先,其余城市的发展程度自这四个一线城市,由东南沿海向中西部纵深发展。在省级单位的排名中,广东省以 54.23 高居榜首,北京、上海、浙江、江苏分居 2~5 位。这五个省市在"互联网+"数字经济总指数中占比高达49.07%。排名稍后的省份与城市相较第一梯队增长速度更加快速,其中二、四线城市的"互联网+"数字经济指数增速均高于全国水平,三线城市紧随其后。因此数字经济有助于缩小经济差距,推动国内整体经济的腾飞。

近年来,中国数字经济的结构也在不断优化,各部分呈现均匀发展、全面开花的态势。根据工业和信息化部数据显示,2008 年到 2016 年间,电子信息制造业占 GDP 比重持续下降,而软件业占 GDP 比重稳步上升,电信业占 GDP 比重也逐渐缩小,反之,2016 年互联网行业收入突破 1.3 万亿元,同比增长 28.7%,占 GDP 比重逐年增长。

(三) 中国信息技术高新产业

李克强总理在"2017 中国国际大数据产业博览会"的贺电中指出,当前新一轮科技革命和产业变革席卷全球,大数据、云计算、物联网、移动互联网(大云物移)以及人工智能、区块链等新技术不断涌现,数字经济正深刻地改变着人类的生产和生活方式,作为经济增长新动能的作用日益凸显。

1. 大云物移

"大云物移"是指大数据、云计算、物联网以及移动互联等新一代互联网和信息技术产业发展的基础力量。李克强总理在 2017 年两会政府工作报告中提道:"深入实施《中国制造 2025》,加快大数据、云计算、物联网应用,以新技术新业态新模式,推动传统产业生产、管理和营销模式变革。"

(1) 大数据

国家信息中心信息化专家陈玉龙提出:大数据是数据体量超指数增长的现象,是人们在信息与实物之间活动留下的投影,具有"真""快""全"的特点。

2015 年 9 月发布的《促进大数据发展行动纲要》中指出,大数据成为推动经济转型发展的新动力、重塑国家竞争优势的新机遇以及提升政府治理能力的新途径。大数据发展指数①旨在评估全国各省的大数据发展水平,该指数包括政策环境、人才状况、投资热度、创新创业、产业发展以及网民信息,共六个一级指标。通过测评,2016年全国大数据发展指数的平均值仅为47.15,反映出中国大数据发展总体仍处于起步阶段。其中,北京市、广东省以及上海市位居前三,分别为78.22、74.72、69.14。从地域上看东南沿海地区发展趋势较好,其次是位于西南的贵州、重庆、四川。从六个分指标来看,"投资热度"和"产业发展"得分相对较低,是当前地方大数据发展的短板。

近年来,国家各部门相继推出相关大数据发展意见和方案,大数据政策逐渐从总体规划走向各大行业及细分领域,从理论基础走向实际应用,大数据政策体系日益完善。政策的推动使得中国积累了一定的大数据管理经验,逐步探索出具有地方特色的大数据发展运营管理机制,并且加速数据开放度的提升。与此同时,大数据项目的投融资与创新创业也在稳步增长。

目前大数据发展面临的主要问题有三个:人才供需不平衡、数据管理体系尚未完善、数据安全风险突出。现阶段人才市场对数据分析和系统研发岗位需求较为旺盛。北京、上海、深圳三地的大数据就业市场,相对全国其他地区最为活跃,但深圳、南京、大连、南昌、贵阳、合肥以及天津等地人才供给不足的现象较为突出。高端综合型人才短缺问题日益突出,主要面临的问题有:① 中国大数据发展历程还较短,从业者经验不足,对大数据的认知和分析思维相对滞后;② 人才发展速度无法追赶正在高速发展的大数据市场,人才缺口日益加大;③ 中国大数据专业教育仍处于起步阶段,人才培养模式有待优化;④ 人才供需结构不平衡。②

对管理体系缺乏以及数据安全风险两个问题需要双管齐下,一方面出台相关法律法规及保障信息安全开放的标准规范;另一方面加强技术创新,突破技术壁垒。

大数据未来发展方向可从以下几方面着手:① 促进供需精准对接,推动大数据技术进步;② 加强各方数据治理,发挥数据资产价值;③ 优化行业整体环

---

① 国家信息中心,南海大数据应用研究院. 2017中国大数据发展报告[R].2017.
② 国家信息中心,南海大数据应用研究院. 2017中国大数据发展报告[R].2017:70.

境,加快行业资源开放;④ 实施融合发展战略,构建产业生态体系;⑤ 加强校企合作,探索人才培养方式;⑥ 完善法律制度,保障数据安全;⑦ 突出地方特色,优化区域产业布局;⑧ 产学研协作创新,加速基础设施建设。①

（2）云计算

自 2006 年 8 月谷歌提出"云计算"概念以来,云服务已经席卷各行各业,颠覆了传统商业模式,也改变了整个市场的运行模式。据 Statista 预计,2017 年度公共云服务的全球市场总额预计将达到 1 384 亿美元,仅软件服务类就将达到 787 亿美元,全球公共云服务市场份额将在 2026 年达到 5 218 亿美元。

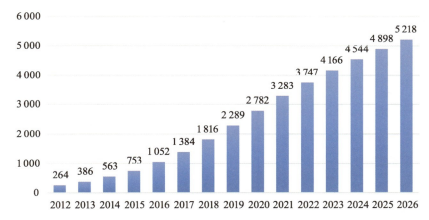

图 3-1　公共云服务市场全球收益(亿美元)

资料来源:Starista，2017 https://www.statista.com/statistics/477702/public-cloud-vendor-revenue-forecast/

根据地域统计,北美企业云计算市场的全球收入占比最多,几乎占据全球市场的一半。

---

① 国家信息中心,南海大数据应用研究院. 2017 中国大数据发展报告[R].2017.

图 3-2　全球企业云计算市场（亿欧元）

资料来源：Starista，2017 https：//www.statista.com/statistics/461595/enterprise-cloud-computing-market-by-region/

亚马逊是目前全球最大的云计算厂商，其 AWS（Amazon web service）服务 2016 年第四季度在全球 IaaS（基础设施即服务）中占 35.8% 的市场份额；微软的 Azure 紧随其后，占比 29.5%；谷歌的云服务平台位居第三，占比 14.1%。在全球 PaaS（平台即服务）公开市场，AWS 的市场份额几乎超过 Salesforce、微软和 IBM 三大厂商之和。①

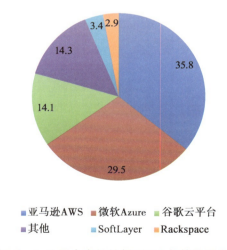

图 3-3　IaaS 平台市场份额（2016 年第四季度）②

---

① 腾讯研究院.数字经济：中国创新增长新动能.2017：50.
② 资料来源：Skyhigh. Cloud Adoption & Risk Report[R].2016.

目前，亚马逊、微软、谷歌和 IBM 是全球领先的四大云计算厂商。2016 年 AWS 为亚马逊创下 122 亿美元的利润，并帮助亚马逊成为世界第五大上市公司。Azure 帮助微软的市值在 2017 年 1 月再次达到 5 000 亿美元的高峰。截至 2016 年年底，Azure Premium 业务的收入实现连续十个季度的三位数增长。① 谷歌经过架构调整，其云计算业务在 2016 年第四季度飞速增长。历经十余年，云计算已进入市场收获期，全球范围的科技公司相继涌入，增长迅速，共创出一片繁荣景象。

相比北美互联网公司云计算业务的发展水平，现阶段中国云计算市场规模相对较小。目前阿里巴巴在国内云计算市场中占主导地位。阿里云于 2009 年开始商用，根据德意志银行（GM）于 2016 年 4 月发布的研究报告，2015 年第四季度营收增长 126%，约 1.28 亿美元。预计将于 2020 年在阿里巴巴整体利润中占比 27.9%。② 自 2015 年第二季度开始，阿里云营业收入实现七个季度连续三位数增长，截至 2017 年 3 月底，阿里云计算付费用户数量达到 87.4 万，推动 2017 财年阿里云营收达到 66.63 亿元。③阿里云业务广泛，覆盖金融、医疗、公共交通、能源、制造、政府机构、游戏、多媒体等不同行业和企业类型。与此同时，经过多次技术升级、资源调度优化、集群大规模扩容，阿里云不断降低其生产及运营成本，并多次下调价格，持续推进国内业务，并推广国际业务。

腾讯云相较阿里云起步较晚，于 2013 年开始对外提供云计算服务，但其营业收入增长迅速。腾讯 2016 年第三季度的财报显示，腾讯云服务收入同比增长超过 200%。2016 年第四季度的财报基本延续了这一增长结构。④ 2017 年 6 月 21 日，在腾讯主办的"云+未来"峰会上，马化腾表示，未来云时代的三个趋势是：① 云是产业革新的原动力；② 云是新型社会管理的储存平台；③ 云是人工智能的强载体。他提到，"在新的云时代，整个社会经济操作系统和运作模式都在发生数字化的迭代"。他认为，现在"互联网+"基础设施的第一要素就是云，

---

① 腾讯研究院. 数字经济：中国创新增长新动能. 2017：50 - 51.
② 数据来自 Deutsche Bank. Markets Research. Industry：China Internet. 2016 - 4 - 24. http://www.fullertreacymoney.com/system/data/files/PDFs/2016/April/25th/FITT%20China%204_24_16.pdf
③ 数据来自人民网. 阿里云 2017 财年营收达 66.63 亿元 同比增长 121%. 2017 - 5 - 19.
④ 数据来自新浪科技。

未来大部分的科技创新都将基于云产生。云技术将逐渐渗透到各个产业,带来技术和生产模式的大革新。

BAT 互联网三巨头中,百度公司的云服务侧重人工智能的开发。百度云计算在业内率先提出"云计算+大数据+人工智能"三位一体的战略,重点推出"天算""天像""天工"三大平台,分别针对智能大数据、智能多媒体、智能物联网这三个领域提供云服务。2016 年,百度发布百度云生态"云图计划",计划未来 5 年投入 100 亿建立百度云平台及生态系统,并提出 ABC 生态圈的概念,指人工智能、大数据与云计算三位一体。

(3) 物联网

物联网是指通过智能感知、识别技术与普适计算等通信感知技术,将物物相连的互联网。中国十分重视物联网的发展,2012 年工信部制定了《物联网"十二五"发展规划》,提出重点培养物联网产业 10 个聚集区和 100 个骨干企业,实现产业链上下游企业的汇集和产业资源整合。2012 年也因此成为中国物联网整体实施的元年。

数据显示:2015 年全球物联网市场投资高达 7 万亿美元,全球互联设备约为 40.88 亿台。报告中指出,中国物联网将成为全球市场的引导者。2015 年,中国物联网整体市场规模为 7 500 亿元,相比 2014 年增长 24.5%。GSMA 的数据显示,2016 年中国蜂窝物联网 M2M 连接数达 1.4 亿,居全球第一位,占比 35%。预计到 2020 年,全球物联网设备数量将达到 200 亿至 500 亿部,全球物联网正在整体进入实质性推进和规模化发展新阶段。预计到 2018 年,中国物联网市场有望达到 15 000 亿元,中国物联网市场到 2020 年将在整个亚太地区占比 59%,全球五分之四的联网设备将位于中国。[①]

(4) 移动互联网

移动互联网也是数字经济发展的基础条件之一。2007 年至 2009 年是中国移动互联网的增长高峰期,年均增长超过 100%,最高时达到 196%。2010 年至 2013 年增长在 20%~30%,属于中速增长。[②]

---

① 数据来自《2015—2016 年中国物联网发展年度报告》——2016 年世界物联网博览会上发布。
② 数据来自《中国移动互联网发展报告(2016)》。

近年来,移动互联网的发展进入稳定期,用户性别结构逐渐接近人口比。移动应用的发展也转向深耕细作,市场更注重细分,追求个性,线上线下结合发展。中国移动互联网发展方向将从业务改造转向模式创新。继生活方面的移动互联应用发展浪潮过后,生产领域、社会领域的应用将会迎来快速发展期。伴随着工业智能化时代的到来,以机器人、3D 打印、智能家居、可穿戴设备、智能汽车为代表的新兴产业和新兴业态蓬勃发展,推动生产制造向数字化、网络化、智能化方向发展,移动互联网将在技术融合与产业升级方面起到关键作用。移动互联网不再只是方便民众的日常生活,还会进一步改变我们的工作方式。

与此同时,平台融合也是移动互联网发展的一大趋势。移动端将打破行业界限,把原本互相独立的产业、行业及不同的机构与部门融合进一个数字化网络平台。例如新闻客户端与政府公共服务相结合,购物平台、交通购票以及缴费理财三位一体等。移动互联网的发展还将与物联网以及金融科技结合愈来愈紧密。移动互联网的发展使得数字经济走入民众的日常生活,带来最直观的变化。

2. 人工智能

人工智能(Artificial Intelligence),英文缩写为 AI。它是研究、开发用于模拟、延伸和扩展人的智能的理论、方法、技术及应用系统的一门新的技术科学。国务院总理李克强在 2017 年政府工作报告中指出,要加快培育壮大包括人工智能在内的新兴产业,"人工智能"也首次被写入国务院政府工作报告。

同时,人工智能也是各国政府战略发展的重点,除美国外,多国政府也于 2016 年前后相继发布了相关战略计划。欧盟于 2016 年以前发布了《欧盟人脑计划》,英国于 2016 年发布了《人工智能:未来决策制定的机遇与影响》。中国政府也发布了《机器人产业发展规划(2016—2020 年)》以及《"互联网+"人工智能三年行动实施方案》。

全球各大科技公司也将发展人工智能作为未来的业务核心。Alphabet、IBM、Facebook、亚马逊、微软以及苹果公司参与的非营利组织"人工智能伙伴关系(Partnership on AI)",致力于推进公众对人工智能技术的理解,并制定未来人工智能领域研究者的行为准则,同时针对当前领域的挑战及机遇提供有益有效的实践。①

基于人工智能发展的高科学技术要求,对人工智能企业及项目的创新投资和人工智能专利的申请数目都在不断增长。与此同时,各大公司对相关人才十分重视,相继掷重金从高校聘请科学家领导其人工智能部门。

2016年12月,国务院在《"十三五"国家战略性新兴产业发展规划》中提出:"加快人工智能支撑体系建设,推动人工智能在各领域应用,推动类脑研究等基础理论和技术研究,加快基于人工智能的计算机视听觉、生物特征识别、新型人机交互、智能决策控制等应用技术研发和产业化,以及支持人工智能领域的基础软硬件开发。在制造、教育、环境保护、交通、商业、健康医疗、网络安全、社会治理等重要领域开展试点示范,推动人工智能规模化应用。"并提出到2020年,新一代信息技术、高端装备、新材料等、战略性新兴产业增加值占国内生产总值比重达到15%,新一代信息技术产业总产值规模超过12万亿元的目标。②

2015年,中国人工智能产业规模为69.3亿元,2016年达到95.6亿元,同比增长37.9%,预计2020年将达到398亿元。③ 从地域上看,中国人工智能企业主要集中于北京、广东、上海。四川省的企业数量虽不及北上广三地,但相较于其他省市,优势明显。中国人工智能领域投资金额与频率在2012年至2015年涨势迅猛,2015中国大陆地区人工智能方面投资金额达到8.15亿美元,共202宗,2016年时平稳回落。

目前中国人工智能的发展主要有两个方向:视觉识别和智能机器人,其中发展视觉识别的企业较多。百度、阿里、腾讯三家对核心技术研发方面的投入尤其重视。百度于2011年在美国硅谷建立了第一个人工智能中心,总研发投入连年增长。目前百度已完成人工智能技术体系的整合,将百度研究院、百度大数据、百度语音、百度图像等技术整体并入人工智能技术体系,将人工智能作为公司发展的关键。腾讯公司的人工智能技术侧重于图像识别方向,其人脸识别、图片识别、音频识别等技术指标均在国际人工智能比赛中创下世界纪录,在人脸识别技术方面更是以99.65%的准确率名列世界前茅。目前,人脸识别技术

---

① 腾讯研究院.数字经济:中国创新增长新动能.2017:55-56.
② 国务院."十三五"国家战略性新兴产业发展规划.2016-12-19.
③ 数据来自前瞻产业研究院。

已在"互联网+警务"计划中应用于苏州市公安局的服务工作当中。

3. 区块链

区块链是比特币的基础技术,它起源于化名为"中本聪(Satoshi Nakamoto)"的学者在 2008 年发表的奠基性论文《比特币:一种点对点电子现金系统》。区块链是分布式数据储存、点对点传输、共识机制、加密算法等技术的集成应用。它创建了一种基于人工算法的新型信任机制,对多个行业有重大价值。截至 2017 年 4 月底,全球区块链融资达到 455 宗,累计融资额为 19.47 亿美元。[①]

近年来,区块链已成为各大国际组织与多国政府的讨论热点。2016 年年初,联合国社会发展部(UNRISD)发布《加密货币以及区块链技术在建立稳定金融体系中的作用》。报告认为区块链技术在改善国际汇兑、国际结算、国际经济合作等领域有重大价值,并提出利用区块链技术构建一个更加稳固的金融体系。国际货币基金组织也发布《关于加密货币的探讨》,对基于区块链技术的加密货币的未来发展进行了详细分析阐述。目前区块链技术仍处于发展的初期阶段,但在很多领域已经重点部署了应用方式,包括数字货币、跨境支付、证券发行、数字资产、供应链金融、互助保险、票据服务、版权保护以及物流追溯等。

近两年来,各国政府纷纷从国家战略层面讨论区块链的发展。中国人民银行早已着手研究区块链应用技术。2017 年 2 月,中国人民银行推动的基于区块链的数字票据交易平台测试成功,据了解,央行旗下的数字货币研究所也已正式挂牌,中国人民银行已成为首个研究数字货币及真实应用的中央银行。2016 年 10 月,工信部发布《中国区块链技术和应用发展白皮书 2016》,书中提到"从国内外发展趋势和区块链技术发展演进路径来看,区块链技术和应用的发展需要云计算、大数据、物联网等新一代信息技术作为基础设施支撑,同时区块链技术和应用发展对推动新一代信息技术产业发展具有重要的促进作用"。区块链技术的应用不局限于数字货币的规模化应用,还包括新能源、社会公益、银行间联合贷款清算、文化娱乐、房地产等。

目前区块链技术和应用还处在开发与应用快速发展的初期。万向控股、蚂蚁云、微众银行、乐视金融及万达网络科技等企业,正在加大资金投入,推动成

---

① 数据来自博链研究.

立了分布式总账基础协议联盟、金融区块链合作联盟,并建设联合实验室,加快研发通用的区块链平台,支持中小企业和个人创业创新。

现阶段,为区块链创造良好的发展环境是首当要务。对此,《中国区块链技术和应用发展白皮书2016》为各级政府主管部门、各类企业和科研机构提出了相关参考建议:① 出台区块链相关扶持政策;② 加快核心关键技术攻关和平台建设;③ 组织开展区块链应用示范;④ 加快建设人才培养体系;⑤ 加强国际交流与合作。

(四) 中国数字融合发展状况

1. 农业融合发展

中国农业的数字化转型也在如火如荼地开展。目前正在由单一数字农业技术向数字集成化、高度自动化方向发展。电子技术、控制技术、传感技术、农机工程装备集成已成功应用于精准农业当中。无人机除了传统的喷洒农药之外,也逐渐广泛应用在土地确权、标准农田管理、航空植保以及农田测损等方面。农业大数据以及人工智能成为主要的发展方向。数字农业服务定制化也成为未来数字农业的发展趋势之一。

2. 制造业融合发展

众多传统制造业企业,如三一重工、中联重科、海尔、商飞等,已开始广泛利用信息技术改进生产模式,提高生产效率,拓展企业价值空间。德勤咨询(Deloitte)2014年的数据显示,54%的中国制造企业的智能装备业务仍处于研发阶段,30%处于生产阶段,16%步入应用阶段。2015年5月,国务院发布《中国制造2025》,目标是通过"三步走"实现制造强国的战略目标。第一步:用十年时间迈入制造强国行列;第二步:到2035年,中国制造业整体达到世界制造强国阵营中等水平;第三步:到2045年时,制造业大国地位更加巩固,综合实力进入世界制造强国前列,制造业主要领域具有创新引领能力和明显竞争优势,建成全球领先的技术体系和产业体系。

《中国制造2025》中明确了9项战略任务和重点:① 提高国家制造业创新能力;② 推进信息化与工业化深度融合;③ 强化工业基础能力;④ 加强质量品牌建设;⑤ 全面推行绿色制造;⑥ 大力推动重点领域突破发展,聚焦新一代信息技术产业、高档数控机床和机器人、航空航天装备、海洋工程装备及高技术船舶、先进轨道交通装备、节能与新能源汽车、电力装备、农机装备、新材料、生物医药及高性能医疗器械等十大重点领域;⑦ 深入推进制造业结构调整;⑧ 积极发展服务型制造和生产性服务业;⑨ 提高制造业国际化发展水平。

《中国制造 2025》文件发布后,工业制造业各大企业纷纷响应号召,积极探索数字化转型,取得了阶段性成果。一个典型代表是海尔自主研发、自主创新的定制平台——COSMOPlat。它是一个凭借精准抓取用户需求、精准生产,进而实现高精度、高效率大规模定制的工业互联网平台。自海尔 COSMOPlat 开启社会化服务以来,已经聚合了上亿用户资源,以及"300 万+"的生态资源,形成了用户与资源、用户与企业、企业与资源的 3 个"双边市场",在电子、船舶、纺织、装备、建筑、运输、化工等七大行业均实现推广落地,形成了新工业体系的"中国标准"。

3. 服务业融合发展

根据 CB Insights 的报告,数字医疗、在线教育以及金融科技是中国现阶段最受关注的创投领域。其中,数字医疗成为 2017 年第一季度获投数量和金额排名第一的领域,共计 2.56 亿美元。目前,移动医疗技术是中国数字医疗的主要发展方向。2016 年,中国的移动医疗市场规模约为 70 亿人民币,预计 2017 年将突破 100 亿,增长率为 74.5%。但是,绝大多数应用仍处于发展初期,其中,自诊、医学检查类产品仅占 8%,医疗信息检索类产品仅占 6%。未来数字医疗的发展需要重视信息技术的应用与创新,推动健康医疗相关的人工智能、生物 3D 打印、医用机器人、可穿戴设备以及相关微型传感器等技术在疾病预防、应急保健以及日常护理方面的应用。在政策上,推进分级诊疗体系建设,促进医疗资源下沉,完善远程会诊等服务。与此同时,建立完善的数字医疗体系和数据保障制度也将是推进数字医疗的工作重点。

4. 数字教育

中国于 2012 年出台《"中国数字教育 2020"行动计划》,目标是在 2020 年全面完成《教育规划纲要》所提出的教育信息化目标任务,形成与国家教育现代化发展目标相适应的教育信息化体系,基本建成人人可享有优质教育资源的信化学习环境,基本形成学习型社会的信息化支撑服务体系,基本实现所有地区和各级各类学校宽带网络的全面覆盖,教育管理信息化水平显著提高,信息技术与教育融合发展的水平显著提升。教育信息化整体上接近国际先进水平,对教育改革和发展的支撑与引领作用充分显现。① 近年来,各地教育部门积极建设教育基础设施,增加信息化软硬件建设,提升教育信息化水平。在线教育也在飞速发展。2016年,在线教育市场规模达到1 560.2亿元,同比增长27.3%;预计未来几年增长速度将保持在20%左右,2019年将达到2 692.6亿元。② 截至2016年年底,中小学教育是在线教育的主要用户群体,占比53.4%,用户规模达7 345万人。③ 目前来看,持续推进中小学互联网设施的建设工作,线上线下结合发展,整体提升教育质量、改进教育模式、打造个性化教育是下一步的工作重点。

5. 金融科技

金融科技是金融机构与科技企业的交叉领域。有别于互联网金融的"将互联网作为金融产品的营销渠道",金融科技是以包括大数据、云计算、移动互联、区块链、人工智能等在内的新一代信息技术为手段,提升金融行业运作范式,提高其工作效率,帮助金融机构去做以前做不了或者做起来成本很高的事情。2017年6月25日,在北京召开的"中国信息经济+金融科技发展"大会上,原国有重点大型企业监事会主席季晓楠发表了关于"金融科技的创新和监管"的讲话,他表示,"充分认识金融科技发展有着重大意义和深远影响,金融科技的发展会为全球经济增长提供新动能,为中国金融业的飞跃带来新契机,为供给侧结构性改革提供新方式,为金融业竞争格局提供新动力,为传统金融机构的变革提供新动能,为金融难题的解决提供新手段"。谈到金融科技的发展政策,他提到,"为了鼓励科技创新,防范金融科技带来的风险,促进金融科技持续健康、更好、更快发展,我们应加大网络安全的建设和投入,为金融科技的发展创造人才、技术、平台、政策、速度等良好条件"。

---

① 摘自《"中国数字教育2020"行动计划》。
② 数据来自艾瑞咨询。
③ 中国互联网络信息中心公布的第39次《中国互联网络发展状况统计报告》。

目前,中国金融科技的发展有以下特点:用户群体广阔、目标市场规模高增产、产业链多元化以及业务内涵丰富。艾瑞咨询(iResearch)发布的《2017 中国金融科技发展报告》显示,电子支付用户以及网络资管是 2016 年金融科技中渗透率最高的两大目标客户群体,均在 60% 以上。预计到 2020 年,电子支付用户渗透率将达 83.1%,网络资管的渗透率也将达 77.9%。

网络信贷方面,虽然由于门槛问题,真实发生过网络信贷行为的用户仅为 22.8%,但网络信贷的市场也在迅速发展。值得一提的是"310 贷款"的网贷模式,即 3 分钟在线填写申请表,1 秒钟审核、放款,0 代表全程无人工干预。贷款不需要任何抵押,而是依靠大数据为小企业提供信用评级和贷款服务。目前,"310 贷款"已经服务了 400 万中小企业,累计放款 7 000 亿,而户均贷款余额仅有 3 万元,①满足了传统金融机构无法涉及的微型贷款需求。因此,金融科技所覆盖的用户群体更加广阔。

金融科技的发展给互联网金融市场创造了更大的增长空间,预计到 2020 年,中国互联网金融核心业务市场规模将超过 12 万亿。② 金融科技作为金融行业升级的一项基础设施,其产业链涵盖包括资产获取、资产生成、资金对接以及场景深入在内的整个金融业务流程;其业务内涵也十分丰富,包括系统构建、电子支付、网络信贷、大金融(各类金融产品的代销服务)以及生活科技。

毕马威(KPMG)发布的《2016 全球金融科技 100 强》中,共有八家中国企业上榜,其中有五家企业挺进前十,它们分别是:排名第一的蚂蚁金服、第二的趣店、第四的陆金所、第五的众安保险以及第十的京东金融。但是,2016 年中国金融科技营收仅 4 313.8 亿元,整体增速呈下滑趋势。艾瑞咨询(iResearch)认为,这一趋势还将持续五年之久。其原因在于互联网金融的收紧,导致大多数围绕网贷行业的科技企业营收萎缩;同时,金融科技的定位偏向金融业务的后端,增速不会像行业增速那样快;并且,金融科技仍需时间发展和转型。

(五) 数字技术催生共享经济

数据显示③:中国零售平台 2017 财年商品交易额(GMV)达 3.767 万亿元人

---

① 数据来自高红冰. 从中美共享单车差异,看数字经济与金融创新. 阿里研究院,2017 - 6 - 26.
② 数据来自艾瑞咨询。
③ 阿里集团于 2017 年 5 月公布的 2017 财年(2016 年 4 月 1 日—2017 年 3 月 31 日)财报。

民币,较2016财年破三万亿里程碑继续大增22%。阿里已超越沃尔玛成为全球最大的零售集团,并保持着每年50%的高速增长。这预示着数字经济赶超传统经济、新兴经济的速度已势不可挡地席卷商业领域。

信息技术的发展为数字经济开辟了无限的创新空间,移动互联网与物联网的发展不仅进一步推动了信息共享,也由此孕育出分享经济这一全新经济形式。企业与个人通过互联网分享海量碎片化资源,包括土地、房屋、产品、劳力、知识、时间、设备、生产能力等,大幅提升全社会的资源配置能力,极大地提高了资源利用效率。

数据显示[1]:2015年中国分享经济市场规模达到1.95万亿元人民币,参与提供服务者约5 000万,约占劳动人口数的5.5%,超过5亿人参与了分享经济行为。报告预计,分享经济未来五年的年均增长速度大约为40%,将在2020年占据GDP的10%以上。

分享经济是适合中国国情、发挥中国网民红利的经济形式。共享单车最早出现在1965年的阿姆斯特丹,2007后在欧美流行开来。时至今日,纽约等美国城市的共享单车依旧保持着原有风格:拥有固定停车桩,自行车后部安装信用卡刷卡器,使用费用和押金都相对高昂。而中国原本就是自行车大国,骑自行车的人数居全球第一。此外,基于二维码的移动互联网支付技术简单便捷,因此共享单车在中国甫一出现,便火速普及。目前市场上已投入了几千万辆自行车,注册用户过亿。

面向分享领域的投融资也在近几年出现爆发式增长。2015年滴滴出行已公布的融资金额超过229.45亿元人民币,美团网、蚂蚁金服获得的融资总额分别为138.6亿和121亿元人民币。[2] 分享经济在各领域均涨势迅猛。2012年在线短租市场仅为1.4亿元人民币,近年来上涨迅速,2015年已超过100亿元,环比增长163%。[3] 2013年国内P2P网络贷款市场规模仅为270亿元人民币,2015年时已上涨至9 750亿元。[4] 目前,分享经济主要集中于生活资料的分享,

---

[1] 《中国分享经济发展报告2016》——国家信息中心2016年发布。
[2] 数据来自中国分享经济发展报告2016。
[3] 数据来自速途研究院。
[4] 数据来自腾讯研究院. 分享经济:供给侧改革的新经济方案. 2016 - 6.

以"衣""食""住""行""用"为主体。下一步,分享经济将转向平台经济,即生产资料的分享,以及知识技能、科研实验的分享。

二、中国发展数字经济面临的挑战

(一)数字鸿沟

数字鸿沟是指信息技术发展的过程中,由于数字化进程不一致导致的国与国、地区与地区、产业与产业、社会阶层与社会阶层之间在基础设施、居民数字素养以及数字信息内容公开程度上的差异。

近年来,尽管中国宽带普及率在不断提高,网民数量也在逐年增长,但城乡之间以及东西部之间的数字鸿沟仍在加剧。截至2017年度第一季度,中国东部地区固定宽带家庭普及率最高,为80.2%;西部为58.9%;中部最低,为54.8%。中部和西部均低于全国平均水平。[①] 伴随着ICT基础设施的滞后,中部和西部居民的数字素养与发达地区相比也存在显著差异。"数字素养"是指获取、理解与整合数字信息的能力,具体包括网络搜索、超文本阅读、数字信息批判与整合能力,可以简单地总结为从数字信息中获取价值的能力。在数字时代,数字素养已经成为各行各业对劳动力的一项基本素质需求,加强数字化教育、提升国民数字素养是中国成为数字强国的重要环节。

此外,数字信息内容公开程度也是造成数字鸿沟的一大原因。数据及信息开放程度的落后将直接造成民众和企业在获取及应用信息上的困难,进一步拖缓数字进程,影响数字经济的发展。

(二)数据质量

在数据成为核心资源的今天,数据质量直接关系着社会各方对资源的利用效率。ISO9000质量管理体系将数据质量定义为"数据的一组固有属性满足数据消费者要求的程度"。数据的固有属性包括真实性、及时性、相关性,即数据能否真实反映客观世界、数据是否更新及时以及数据是否是消费者关注和需要的。同时,高质量的数据还需要是完整无遗漏、无非法访问风险以及能够被理解和解释的。

---

① 中国宽带发展联盟发布的第4期《中国宽带普及状况报告》(2017年一季度)。

影响数据质量的原因有很多,比如数据的多源性。当一个数据有多个来源时,很难保证值的一致性,以及更新的同步性。另一个影响数据质量的原因是复杂数据的表示方式不统一,标准不明确。随着大数据的发展,每天都会产生大量多维度异构数据,如何对复杂数据进行统一编码,方便数据之间的兼容与融合,还有待进一步发展。

(三)信息安全

近年来,信息安全的威胁逐年增长。据 Arbor Networks 的第 11 届年度全球基础设施安全报告显示,2015 年 DDoS 攻击强度创下新高,最高一次强度超过 500Gbps。来自 Cybersecurity Ventures 的《2017 Q1 网络安全报告》预计,未来五年,全球网络安全支出将超过 1 万亿美元。到 2021 年,全球企业每年因网络犯罪花费的成本将超过 6 万亿美元。目前,企业的网络安全预算普遍较低,多数公司在遭遇网络入侵事件时,因担心名誉受损、安全预算增加甚至担心激怒网络犯罪分子等原因而选择不公开。此外,个人网络安全消费支出也普遍较低,安全意识淡薄,多数网民在遭遇网络攻击后才考虑投入资金。

加强网络安全监管、掌握核心技术、提高民众安全防范意识,是发展数字经济的重要一环。习近平总书记在 2014 年 2 月 27 日的网络安全和信息化领导小组第一次会议上指出:"网络安全和信息化对一个国家很多领域都是牵一发而动全身的,要认清我们面临的形势和任务,充分认识做好工作的重要性和紧迫性,因势而谋,应势而动,顺势而为。网络安全和信息化是一体之两翼、驱动之双轮,必须统一谋划、统一部署、统一推进、统一实施。做好网络安全和信息化工作,要处理好安全和发展的关系,做到协调一致、齐头并进,以安全保发展、以发展促安全,努力建久安之势、成长治之业。"①

(四)法律法规

目前,相关法律法规滞后是数字经济发展面临的一大挑战。比如,伴随数字经济的发展,全球大量定时定点的工作岗位会逐渐消失,新涌现出大批兼职职业者、自我雇佣者等灵活就业岗位,而现有的劳动合同法、社会保险法、社会保险费征缴暂行条例等法律法规不能给灵活就业者提供有效的社会保障。

---

① 在中央网络安全和信息化领导小组第一次会议上的讲话(2014 年 2 月 27 日)[N]. 人民日报,2014 - 2 - 28.

以"衣""食""住""行""用"为主体。下一步,分享经济将转向平台经济,即生产资料的分享,以及知识技能、科研实验的分享。

二、中国发展数字经济面临的挑战

(一) 数字鸿沟

数字鸿沟是指信息技术发展的过程中,由于数字化进程不一致导致的国与国、地区与地区、产业与产业、社会阶层与社会阶层之间在基础设施、居民数字素养以及数字信息内容公开程度上的差异。

近年来,尽管中国宽带普及率在不断提高,网民数量也在逐年增长,但城乡之间以及东西部之间的数字鸿沟仍在加剧。截至2017年度第一季度,中国东部地区固定宽带家庭普及率最高,为80.2%;西部为58.9%;中部最低,为54.8%。中部和西部均低于全国平均水平。① 伴随着ICT基础设施的滞后,中部和西部居民的数字素养与发达地区相比也存在显著差异。"数字素养"是指获取、理解与整合数字信息的能力,具体包括网络搜索、超文本阅读、数字信息批判与整合能力,可以简单地总结为从数字信息中获取价值的能力。在数字时代,数字素养已经成为各行各业对劳动力的一项基本素质需求,加强数字化教育、提升国民数字素养是中国成为数字强国的重要环节。

此外,数字信息内容公开程度也是造成数字鸿沟的一大原因。数据及信息开放程度的落后将直接造成民众和企业在获取及应用信息上的困难,进一步拖缓数字进程,影响数字经济的发展。

(二) 数据质量

在数据成为核心资源的今天,数据质量直接关系着社会各方对资源的利用效率。ISO9000质量管理体系将数据质量定义为"数据的一组固有属性满足数据消费者要求的程度"。数据的固有属性包括真实性、及时性、相关性,即数据能否真实反映客观世界、数据是否更新及时以及数据是否是消费者关注和需要的。同时,高质量的数据还需要是完整无遗漏、无非法访问风险以及能够被理解和解释的。

---

① 中国宽带发展联盟发布的第4期《中国宽带普及状况报告》(2017年一季度)。

影响数据质量的原因有很多,比如数据的多源性。当一个数据有多个来源时,很难保证值的一致性,以及更新的同步性。另一个影响数据质量的原因是复杂数据的表示方式不统一,标准不明确。随着大数据的发展,每天都会产生大量多维度异构数据,如何对复杂数据进行统一编码,方便数据之间的兼容与融合,还有待进一步发展。

(三)信息安全

近年来,信息安全的威胁逐年增长。据 Arbor Networks 的第 11 届年度全球基础设施安全报告显示,2015 年 DDoS 攻击强度创下新高,最高一次强度超过 500Gbps。来自 Cybersecurity Ventures 的《2017 Q1 网络安全报告》预计,未来五年,全球网络安全支出将超过 1 万亿美元。到 2021 年,全球企业每年因网络犯罪花费的成本将超过 6 万亿美元。目前,企业的网络安全预算普遍较低,多数公司在遭遇网络入侵事件时,因担心名誉受损、安全预算增加甚至担心激怒网络犯罪分子等原因而选择不公开。此外,个人网络安全消费支出也普遍较低,安全意识淡薄,多数网民在遭遇网络攻击后才考虑投入资金。

加强网络安全监管、掌握核心技术、提高民众安全防范意识,是发展数字经济的重要一环。习近平总书记在 2014 年 2 月 27 日的网络安全和信息化领导小组第一次会议上指出:"网络安全和信息化对一个国家很多领域都是牵一发而动全身的,要认清我们面临的形势和任务,充分认识做好工作的重要性和紧迫性,因势而谋,应势而动,顺势而为。网络安全和信息化是一体之两翼、驱动之双轮,必须统一谋划、统一部署、统一推进、统一实施。做好网络安全和信息化工作,要处理好安全和发展的关系,做到协调一致、齐头并进,以安全保发展、以发展促安全,努力建久安之势、成长治之业。"[1]

(四)法律法规

目前,相关法律法规滞后是数字经济发展面临的一大挑战。比如,伴随数字经济的发展,全球大量定时定点的工作岗位会逐渐消失,新涌现出大批兼职职业者、自我雇佣者等灵活就业岗位,而现有的劳动合同法、社会保险法、社会保险费征缴暂行条例等法律法规不能给灵活就业者提供有效的社会保障。

---

[1] 在中央网络安全和信息化领导小组第一次会议上的讲话(2014 年 2 月 27 日)[N]. 人民日报,2014 - 2 - 28.

数字知识产权的保护也需要引起重视。英国《数字经济2010》就着重强调了对数字产品,如音乐、媒体、游戏等内容的著作权进行规范与保护。此外,数据产权问题也日益凸显,数据由谁保管、如何处理与应用以及如何进行交易,所有者、拥有者、使用者和管理者之间的责、权、利的划分,也缺少相关法律的明确规定。

此外,一些管理制度的落后与僵化,与数字经济去中心化、跨区域、跨行业、灵活多变的特质相冲突,制约了数字经济的发展。阿里巴巴集团副总裁、阿里研究院院长高红冰在"2017中国'信息经济+金融科技'发展大会"上提出,"美国是数字经济强国,中国是数字经济应用大国"。他表示:"未来五年,全球数字经济发展将呈现三个层次:首先,硅谷仍将引领核心技术创新,以色列会在个别领域紧跟美国;第二,中国、印度会是技术创新大规模应用的市场;第三,新技术和商业模式的应用需要硬件设备的支持,日、韩、中国台湾和华南地区将起到重要作用。"他呼吁,"对于互联网这种新事物,应该更多地包容,而不是限制或者强化监管。面向未来、面向全球,中国要成为领头羊,需要更加开放,多方协作,共创互联网更好的明天"。

第四章
苏州数字经济发展概况

一、苏州数字经济发展

(一) 苏州经济发展概况

苏州坐落于长江三角洲,是长三角经济区重要的中心城市之一。这座有着2 500年历史的文明古城,不仅是国家首批历史文化名城,也是国家高新技术产业基地,GDP在全国城市中常年位居前列。苏州市政府计划到2020年,将苏州建设成为一个具有国际竞争力的先进制造基地、具有全球影响力的产业科技创新高地、具有独特魅力的国际文化旅游胜地和具有较强综合实力的国际化大城市。

2016年,苏州经济实现平稳增长,共完成服务业投资3 660亿元,在全社会投资中占比达到64.8%,提高了0.9个百分点;新兴产业投资1 410亿元,占全社会固定资产的比重达到25%,提高1.5个百分点;高新技术产业投资820亿元,占工业投资的比重达到41.4%,提高11.3个百分点。民间投资完成3 238亿元,占全社会固定资产的比重达到57.3%,提高3.7个百分点。全市210项重点项目完成投资1 446亿元,基本实现年度目标任务。①

与此同时,近年来,苏州一直努力优化产业结构,推动产业升级,自2015年首次形成"三二一"产业结构之后,2016年苏州服务业增加值占比首次超过

---

① 苏州市统计局. 2016年苏州市国民经济和社会发展统计公报[N]. 苏州日报,2017 – 1 – 16.

50%,共增值 7 916 亿元,占地区生产总值的比重提高 1.5 个百分点,进一步加速产业转型步伐。新兴服务业增长较快,软件和信息技术服务收入增长 18.7%,4 家企业获评省首批互联网平台经济示范企业。与此同时,数字经济布局加快,出台了大数据产业发展规划和政策意见,阿里云计算苏州公司也进入运营,十大大数据特色产业园加快建设。

(二)苏州经济发展特点

工业一直以来都是苏州的主要产业,农业和服务业相对占比较小。2016 年,苏州先进制造业发展稳健,新兴产业实现产值 1.5 万亿元,增长 2.2%,占规模以上工业总产值的比重达到 49.8%。其中,智能电网和物联网、新能源、集成电路产值分别增长 11.4%、3% 和 9.2%。智能制造加快推进,建成省级示范智能车间 66 家,新增省级两化融合示范企业 8 家、试点企业 19 家。

据官方数据显示①,2017 年上半年苏州工业生产稳步回升。上半年全市实现规模以上工业总产值 16 073 亿元,增速由一季度的 8.5% 提高至上半年的 9.4%。工业用电量增速由一季度的 5.1% 提高至上半年的 6.6%。

生产基本面继续改善。工业行业产值增长覆盖面达 91.2%,比一季度和 2016 年同期提高 8.8 和 48.3 个百分点。65.6% 的规模以上工业企业产值实现正增长,比一季度和 2016 年同期提高 2.7 和 20.8 个百分点。监测的重点工业产品中,64.7% 的产品产量实现增长,增长面比一季度和 2016 年同期提高 2.4 和 21.2 个百分点。

传统优势行业生产好转。钢铁、化工、化纤、电子、通用设备、专用设备、金属制品等七大行业实现产值 10 193.6 亿元,同比增长 11.1%,高于规模以上工业产值平均增速 1.7 个百分点,对规模以上工业产值增长的贡献达 73.6%。受智能手机订单增加和计算机整机产能回流等因素拉动,龙头行业电子信息产业 2017 年生产明显好转,上半年电子行业产值同比增长 7.2%,比 2016 年末提高 6.8 个百分点,增速为 2012 年以来同期最高。"两新"产业产值占比提高。2017 年上半年苏州全市制造业新兴产业产值 8 035.8 亿元,占规模以上工业总产值的比重达 50%,同比提高 0.9 个百分点。高新技术产业产值 7 583.1 亿元,占规模以上工业产值

---

① 苏州市统计局. 2017 年上半年苏州经济运行情况新闻发布稿. 2017 – 7 – 17.

的比重47.2%,同比提高0.3个百分点。

高技术产品快速增长。工业机器人产量增长90.3%,大气污染防治设备产量增长101.5%,工业自动调节仪表与控制系统产量增长49.6%。传统产业改造积极推进。出台加快建设国家智能制造示范区的实施意见,上半年新增省级示范智能车间32个,建立智能制造公共服务平台5个。

新业态拓宽消费新空间。新技术、新业态、新商业模式等快速发展,新动能加快形成,成为支撑苏州经济发展的主要动力。2017年上半年,苏州全市限额以上批发零售业企业实现互联网零售217.6亿元,同比增长76.3%,增速高于去年同期50.4个百分点,占限上零售额的17.4%,比去年同期提升6.4个百分点。

新成果不断集聚创新活力。2017年1—5月,苏州全市专利申请量达3.7万件,其中发明专利申请1.3万件;专利授权量达2.26万件,其中发明专利授权5 270件。5月末,全市万人有效发明专利拥有量达到41.62件,比上年末增加3.37件。

位于苏州古城区东部的工业园区是全国首个开展开放创新综合试验区域,重点发展包括电子信息制造业、汽车制造业、医药制造业在内的三大主导产业,和包括生物医药、纳米技术应用以及云计算在内的三大新兴产业。2016年,园区生产总值达到2 150亿元,同比增长7.2%;公共财政预算收入288.1亿元,增长12%,税收占比达93.1%;进出口总额4 903亿元,实际利用外资10.5亿美元;城镇居民人均可支配收入6.13万元,增长8.1%;R&D投入占GDP比重达3.36%,万元GDP能耗为0.254吨标煤,人均GDP超4万美元。经济运行呈现主要指标增长平稳、转型升级质效提升、发展动能加速转换的良好态势,综合发展指数、集约发展水平、质量效益指标居全国开发区前列。①

近年来,园区专注于高端制造能级的提升,积极推进智能制造和"互联网+"战略,累计吸引外资项目5 800余个,实际利用外资294亿美元,园区内投资过亿(美元)的项目达145个,过十亿(美元)的项目7个。不仅在电子信息、机械制造等方面形成了具有一定竞争力的产业集群,并且加快推动生物医药、纳米技术应用及云计算等战略性新兴产业发展。

---

① 数据来自苏州工业园区网站。

创新创业也是园区多年来的工作重点。目前,工业园区内累计建成各类科技载体超 380 万平方米、公共技术服务平台 30 多个、国家级创新基地 20 多个,引进"国家队"科研院所近 10 家、中外高等院校 28 所,累计拥有各类研发机构 480 个,纳米真空互联实验站、国家纳米技术国际创新园等国家级创新工程加快推进,国际科技园、创意产业园、苏州纳米城、生物产业园等创新集群基本形成。人才方面,入选国家"千人计划"、"江苏省高层次创新创业人才"达 135 人、164 人,在省市保持领先地位。园区拥有全国唯一的国家高等教育国际化示范区——独墅湖科教创新区,64 家众创空间组成的"金鸡湖创业长廊",以及苏州金融资产交易中心、股权交易中心等科技金融平台。与此同时,园区创新成果加速显现,2016 年度,园区拥有国家高新技术企业 829 家,万人有效发明专利拥有量达 114 件。

为完成《苏州市国民经济和社会发展第十三个五年规划纲要》提出的 2020 年将苏州建设成为"具有全球影响力的产业科技创新高地"的目标,苏州市政府于 2016 年年底推出了《苏州市大数据产业发展规划(2016—2020)》。目标是到 2020 年年末,将苏州打造成为具有较高知名度的国家级大数据综合应用试验区和较大影响力特色大数据产业集聚区,建立 10 个"大数据+"特色产业园和大数据产业孵化基地,创建出 1~2 个国家级大数据产业园,设立百亿级大数据产业发展基金,培育出 10~20 家超十亿级、3~5 家超百亿级、1 家超千亿级的全国知名大数据龙头企业,大数据整体相关产业产值达到 3 000 亿元。

综合来看,苏州经济整体竞争力在全球处于中等偏上的水平,国际经济竞争力指数得分为 0.374,相比全球 505 个城市的平均值高出 0.07。[①] 分项表现上看,当地需求与硬件环境为两大优势,企业与全球联系则是主要短板。此外,苏州在科技创新方面的表现也较为突出,进入全球 20 强,金融产业的竞争力也较为强劲。

(三)苏州经济发展存在的问题

如今,随着数字经济在全球各产业的渗透,以制造业见长的苏州也面临着转型的关键点。抓住时代机遇,推进数字经济与传统产业的融合,优化产业模式,提高生产力,是城市经济发展的工作重点。互联网、大数据、云计算、3D 打印、新

---

① 数据来自《苏州城市国际竞争力报告:精致创新驱动从容转型》。

能源、新材料等技术的重大突破,正在对工业经济发展理念、生产方式和发展模式带来革命性的影响。苏州全方位开放的深入推进,将深刻改变经济结构和产业布局,同时,外国人和其他省市人口的大量流入,也对苏州的人口构成、阶层构成等产生巨大影响,推动苏州的人口分布、居住空间结构演变,这些都将造成苏州城市空间结构的转变和城镇体系空间结构的转变。①

但过度依赖国际市场是苏州经济面临的一大问题。受金融危机的影响,发达国家,如美国,正在将制造业由海外向国内转移,此举将直接影响到外贸进出口较为发达的国家与城市。目前苏州以外需出口为主的增长模式难以为继,且苏州的制造业常年处于微笑曲线的中低端,多为依赖廉价劳动力以及资源的大量投入换取的比较优势。这种科技含量较低,缺乏核心技术的生产方式,在国际市场上竞争优势不足,处于国际产业链中低端,不利于苏州制造业的长期发展,更乏力应对数字时代智能制造的冲击。同时,品牌规模的培养、技术研发与专利的投入,都是苏州发展制造业要考虑的关键问题。

二、苏州发展数字经济的意义

2017年7月7日,第十二次G20峰会在德国汉堡举办,主题为"塑造联动世界"。这是继2016年杭州G20峰会后,继续讨论世界经济增长与贸易、可持续发展、气候变化、能源等议题的一次峰会。国家主席习近平出席峰会并发表题为《坚持开放包容 推动联动增长》的重要讲话。他提道:"杭州峰会提出了二十国集团方案:建设创新、活力、联动、包容的世界经济。汉堡峰会把'塑造联动世界'作为主题,同杭州峰会一脉相承。"并对具体的行动方案提出了四点意见,对数字经济发展的政策制定具有指导意义。②

发展数字经济对苏州经济发展具有重大意义。为响应国家政策,全面贯彻党的十八大和十九大精神,深入贯彻落实习近平总书记系列重要讲话特别是视察江苏重要讲话精神,苏州要努力建设成为具有较强综合实力的国际化大城市,扬长补短、推动产业发展、提高城市综合实力。从经济发展优势上来说,苏

---

① 倪鹏飞,丁如曦,王雨飞,郑琼洁,等. 苏州城市国际竞争力报告:精致创新驱动从容转型. 地方智库报告,2016:34.
② 习近平在G20汉堡峰会讲话全文. 新华社,2017-7-10.

州作为中国经济最强地级市,经济实力在全国城市中名列前茅,整体经济总量较大,产业基础良好,经济国际化程度较高,城乡发展比较协调,新的增长动力加快形成,发展空间不断优化拓展,为数字经济的发展提供了有利条件和重要支撑。

(一) 加速苏州产业结构转型升级

苏州经济发展方式正处于转型升级的关键期,产业结构仍待进一步优化,自主创新能力有待进一步提高,人口环境资源要素趋紧,教育、医疗、养老等基本公共服务供给压力加大,社会建设与治理仍有不少薄弱环节。面对城市发展的重重压力与困境,发展数字经济无疑是苏州在竞争中取得优势、抓住机遇实现弯道超车的正确方向之一。

(二) 促进苏州数字技术与产业融合发展

数字经济与三大产业的高度融合能够为苏州经济带来整体性的飞跃。数字经济与制造业融合,意味着发展高端化制造业,促进信息技术向市场、设计、生产等环节渗透,推动生产方式向柔性、智能、精细化转变;提高新兴产业产值在制造业中的占比,改造提升传统产业,创造制造业服务化新业态新模式;提升自主创新能力,提高劳动生产率,优化产品品质,降低生产物耗能耗及污染物排放,达到建成国内领先、有国际影响力的制造强市的目标。

数字经济与传统农业融合,建立现代化农业园区,将科学技术应用到传统农业生产过程中,实施数字化精准管理,在节约资源并保护生态环境的前提下,有效提高产量。创新现代农业经营机制,积极发展多种形式适度规模经营。利用互联网和信息技术拓宽农作物销售渠道、建立农业合作平台、发展生态休闲农业、延伸农业产业链、提高农业附加值和综合效益。与此同时,建立农业数字教育平台,培养新型职业农民,全面提高农业生产素质。

数字经济与服务业融合,以大数据、云计算、物联网以及移动互联网为依托,发展现代物流、现代金融、电子商务、电子政务、检验检测、智慧旅游、人力资源服务等重点领域产业,全面提升服务业品质,优化居民生活方式。

(三) 推动苏州经济增长发掘新动力

目前,苏州正在深入开展数字经济相关工作,科技金融、"互联网+制造业""互联网+农业"、数字化服务业等项目都在逐步推进。科技金融是指一切服务于科技产业的金融产业。从狭义的角度来看,就是用于解决科技企业在科技研发、成果转换、企业发展等过程中所面临的资金短缺问题的金融政策、金融工具、金融平台等与金融产业相关的学术研究。科技金融的发展对苏州经济发展具有重大意义。它不仅能够帮助中小型企业拓展融资渠道,优化投资注资流程,更能够带动苏州科技企业快速成长,加速推进产业结构的转型升级,实现财政收入的快速增长,带动整个经济的发展。

苏州科技金融经历了四个发展阶段:第一阶段,科技金融政策体系的构建。自2009年起,苏州市政府相继出台了《关于加强科技金融结合促进科技型企业发展的若干意见》和《苏州市科技保险费补贴资金使用管理办法》等操作办法,初步构建科技金融政策体系。第二阶段,建立了江苏省首家科技小额贷款公司、科技支行及全国首个"千人计划"创投中心,并形成以苏州工业园区沙湖创投中心、苏州高新区财富广场投资中心及城区创投中心为主的三大投资聚集区。第三阶段,金融服务平台的构建。为了有效整合银行、创投、担保、科技保险等业务,苏州市政府成立了苏州市科技金融服务中心,并开通了全省首家针对中小企业的"网上科技金融超市"。第四阶段,鼓励科技金融产品创新。苏州出台专项政策并设立引导基金,用于鼓励金融机构针对不同类型的中小型企业开展产品创新,提供个性化服务。经过近年来的努力,苏州市科技金融取得了一定的成果,但现阶段的发展仍面临着一定的困难与挑战,规模较小、产品种类不够丰富、投资多集中于风险较小的传统型成熟企业、初创企业贷款难等现象依然存在。

为响应国家《国务院关于深化制造业与互联网融合发展的指导意见》,苏州政府起草了《苏州市创建国家制造业与互联网融合发展试点示范城市实施方案》,旨在推动制造业转换发展动能,全力打造苏州智能制造品牌。目标是到2018年年底,形成制造业和互联网深度融合的新型创新载体,培育和建设一批智能车间、智能工厂,在主导产业引领制造业形成"126"发展新态势(1大超级产业,即电子信息产业;2大技术高地,即纳米和生物医药;6大先进制造体系,即新一代电子信息产业、高端装备制造产业、新材料产业、软件和集成电路产业、新能源和节能环保产业、医疗器械和生物医药产业)。制造业重点行业骨干企业互联网"双创"平台普及率达到80%。相比2015年年底,工业云企业用户翻一番,新产品研发周期缩短12%;库存周转率提高25%,能源利用率提高5%。全市智能制造发展达到国内领先水平,全市工业企业中智能设计覆盖面超过45%,智能生产超过70%,智能装备(产品)超过45%,智能管理超过90%。培育形成一批以智能装备产品为龙头、具备较高品牌影响力和市场占有率、行业知名骨干企业云集、年产出规模超过千亿元的重点产业链。

优化发展现代农业也是苏州政府的工作重点。据苏州政府公开数据显示,2016年度苏州新增高标准农田3 500公顷、现代农业园区面积4 900公顷,农业适度规模经营比重达到92%,农业综合机械化水平88.5%。常熟市成功入选全国首批基本实现主要农作物生产全程机械化示范市。不仅如此,苏州农业还创新产销对接的新模式。搭建了一批农产品产销对接平台,2016年年末全市共有5家省级农产品电子商务示范单位,46个农产品电子商务"淘宝村",全年农产品生产和经营企业实现网上交易额26.5亿元。

从经济发展潜力来说,苏州较北京、上海、广州、深圳这些一线大城市人口基数较小、人口红利相对不高,拥有较大提升空间。

三、苏州发展数字经济典型案例

(一) 滴滴与苏州市政府建立战略合作伙伴关系

滴滴与苏州市政府达成战略协议,将共建分享经济双创空间。

2016年12月3日,在"2016中国(苏州)数字经济与创新发展大会"上,苏州市政府宣布与滴滴出行建立战略合作伙伴关系。根据战略合作协议的内容,滴滴将和苏州市政府在苏州新区合作共建专业化的制造业分享经济双创空间,与本地制造业企业展开深入合作共建平台,孵化该领域的创新创业,扶持中小制造企业"互联网+",探索通过分享经济实现智能制造的路径,推动制造业升级。

此外,滴滴还将与苏州市政府共同推动苏州市智慧交通的建设,探索"互联网+公交"出行的新模式。双方将充分发挥滴滴平台大数据技术优势,优化提升公交效率。同时,依托强大的数据分析优势,滴滴将结合苏州市交管部门海量的交通数据,积极探索交通大数据共享模式。

通过该战略合作,滴滴将配合苏州市"建成具有全球影响力的产业科技创新高地"的战略目标,推进分享经济在智能制造领域的创新创业,形成实践分享经济的全国亮点,通过交通大数据共享和深入挖掘,促进"互联网+交通"创新发展,便利市民美好出行。

(二) 中科曙光"落子"昆山高新区

2017年9月21日,昆山市人民政府与曙光信息产业股份有限公司在南京签订《中科院安全可控信息技术产业基地投资合作协议》。

根据该协议,双方将在昆山高新区共建国家级产业创新中心和中科院安全可控信息技术产业化基地,首期建设年产100万台的安全可控服务器自动化生产线。项目全部建成并带动上下游产业总投资有望超100亿美元,将形成千亿级的安全可控国家信息技术产业集群,吸引安全可控信息技术行业领域一大批高端人才在昆集聚,致力打造世界一流水平的网络信息技术自主创新中心和研发应用产业化基地。

中科院安全可控信息技术产业化基地的建设,将塑造国内信息技术产业领域的新标杆,推动昆山电子信息产业的发展,为建设国家产业创新中心和推进国家智能制造产业集群发展做出新贡献。

(三) 百度创新中心落户昆山花桥

2017年7月12日,花桥经济开发区管委会与北京百度网讯科技有限公司、苏州晶兆信息科技发展有限公司三方合建的百度(昆山花桥)创新中心落户昆山花桥大数据特色产业园。

该创新中心是百度打造的全产业链创业生态平台,是中国唯一的基于人工智能的专业众创空间。创新中心一方面将为创业者搭建专业的平台,通过百度的品牌、技术、服务和培训支持,集聚一批基于互联网、大数据、云计算和人工智能等方向的创新创业企业在创新中心内进行孵化并加速成长;另一方面推动昆山当地产业升级,依托百度云的技术实力整合百度大数据、百度大脑(人工智能)以及百度内外部生态,加速推进当地传统企业"互联网+"的转型升级。

(四) 亨通大数据智慧产业落户吴江太湖新城

2017年3月23日,亨通集团与苏州太湖新城吴江管理委员会举行签约仪式,在太湖新城(松陵镇)建设苏州湾大数据智慧产业基地项目,加快大数据产业布局。

苏州湾大数据智慧产业基地项目投资约20亿元，占地约190亩，初步规划产业总部基地、创新研发中心、大数据中心、产业化基地、创新创业孵化器、教育培训、生活和商业服务区等几大功能区，依据亨通大数据产业中长期发展战略，依托现有业务基础，建设移动大数据智慧云服务、量子通信信息和网络安全云、光电产业互联网云、智慧社区互联网云、智慧充电网络云等五个大数据智慧应用产业平台，实现亨通发展的战略转型。

亨通苏州湾大数据智慧产业基地项目的正式签约，将通过苏州湾大数据智慧产业基地建设，推动吴江的大数据产业走在苏州乃至全国前列，为江苏打造一个产业新高地，为苏州塑造一个产业发展新名片，为吴江营造一个产业新城区。

（五）紫光集团、新华三集团与苏州高铁新城全力打造"工业云引擎"

2017年6月18日，紫光集团、新华三集团与苏州高铁新城合作签约活动在苏州相城区举行。签约仪式中，紫光云引擎科技（苏州）有限公司正式成立，苏州工业云引擎项目正式启动，紫光云引擎公司签署首批7个智能制造示范项目，并与国云数据、北京思特奇、航天云网、杰为软件、浙江中易和节能、旗正信息等首批9个战略合作伙伴签署了战略合作协议。

紫光云引擎科技将以签约的吴通控股、华亚智能科技、江苏新安电器等7个苏州相城区智能制造示范项目为切入点，助推苏州九千多家制造企业上云和智能化改造，目标是将苏州工业云打造为全国制造业工业云示范基地，为全国各地工业企业产业结构转型升级提供全方位的支撑。这将对加快苏州制造业转型升级、促进智能制造创新发展产生积极的推动作用。

该签约项目启动运营后，将对苏州乃至全国的大数据产业发展起到重要的引领作用。苏州工业云平台将为工业企业提供物联网、云计算、大数据等现代信息技术，以及与工业企业深度融合的大数据开放共享、智能制造和集成应用服务，推动工业企业快速上云和进行智能化改造，为相城区乃至苏州重点工业企业转型升级提供强有力的智力支持和技术支撑，同时将向苏州市乃至全国商用输出成熟的工业云服务，必将对加快苏州市制造业转型升级、促进智能制造创新发展产生积极的推动作用。

(六)新松机器人(苏州)未来科技城项目落户相城

2017年8月16日,苏州相城区人民政府与沈阳新松机器人股份有限公司在相城区会议中心签署协议,在相城区建设新松机器人(苏州)未来科技城项目,致力于将与机器人有关的产业达成集聚发展效应。

本次签约落户相城的新松机器人(苏州)未来科技城项目,将秉承"匠心"精神,坚持生产、生活、生态融合发展的理念,创造性地将机器人产业、金融产业、文化产业、旅游产业和生活配套功能有机地结合起来,打造"五位一体"的机器人特色科技城。

该项目的落成,能够加快促进苏州市乃至江苏省的企业从工业2.0时代升级到4.0时代,为江苏省"机器换人"战略提供有力支撑,形成世界级智能制造创新和生产集聚高地,成为苏州市新的经济增长引擎,也将为江苏省乃至全国创新发展树立典范。

(七)京东智谷项目落户苏州市相城高铁新城

2017年9月14日,苏州相城区政府与京东集团在苏州市相城区会议中心举行京东智谷项目签约仪式。

京东智谷项目落户相城高铁新城后,将建设国内领先、国际一流的"云计算+大数据"新经济基础设施,提供城市云、产业云、数据云、电商云、双创云等综合解决方案,输出平台对接、数据支撑、生态孵化、品牌打造四大价值体系,推进相城区乃至苏州市产业转型升级。同时引入京东战略生态合作伙伴共同落地本地,打造产业生态圈,并构建"以云计算为支撑,以大数据为驱动"的智能城市生态,着力打造计算软件及系统研发、物联网技术应用、电商总部经济、人工智能研发、智能装备研发创新孵化、智慧生活等七大产业体系,形成"云聚产业,智赢未来"的经济发展新局面。

京东智谷项目落户苏州,将依托京东在云计算、智能制造、智慧物流、电子商务等领域的技术优势,围绕京东自有产业的直接落地、长三角及全国范围内高端科技创新类产业的转移、全球范围内高端产业的吸引集聚三大维度,促进苏州市在云计算、大数据、工业4.0、电子商务等产业的发展,推进苏州市产业转型升级。

（八）上海交通大学苏州人工智能研究院落户苏州工业园区

2017年8月27日，由上海交通大学与苏州市人民政府、苏州工业园区管委会共同建立的上海交通大学苏州人工智能研究院正式落地苏州工业园区，未来它将围绕人工智能关键核心技术进行创新研究，打造人工智能原始创新品牌和国家智能人机交互产业创新中心。

研究院目标是在3~5年时间里建成全国首个全生态人工智能综合配套公共服务平台，实现200家以上的科研单位和企业接入使用；引进10到15家人工智能企业落地苏州，实现直接产值3亿~5亿；引进3~5名高端领军人才；建成人工智能研发人才培训基地；形成具有国际影响力的人工智能学术、产业论坛和行业技术竞赛惯例，实现可持续发展。

上海交通大学苏州人工智能研究院的成立，必将为苏州人工智能产业发展、人才聚集、技术创新注入新的活力动力。

（九）苏州工业园区和科大讯飞签署战略合作协议

2017年8月29日，苏州市政府、苏州工业园区分别和科大讯飞股份有限公司正式签署战略合作协议。依据该协议，科大讯飞将在苏州加快打造人工智能应用示范城市和人工智能产业高地，在园区设立苏州公司、研究院和双创中心。

科大讯飞将依托讯飞超脑计划和人工智能开放平台，发挥行业引领示范作用，在教育、医疗等领域不断拓展技术应用，在苏州加快推动形成人工智能产业生态，加速苏州人工智能产业发展步伐，提升苏州人工智能产业发展水平，为苏州加快打造人工智能应用示范城市和人工智能产业高地提供强有力支撑，为苏州创新发展、转型升级做出积极贡献。

（十）苏州工业园区与中科院计算所共建苏州人工智能研究院

2017年9月22日，苏州工业园区管委会与中国科学院计算技术研究所在苏州工业园区签署战略合作协议，双方将共建中科院计算所苏州人工智能产业研究院。苏州人工智能研究院将重点围绕人工智能产业优势领域，针对寒武纪深度学习处理器、视觉识别核心技术、深度基因测序数据存储分析、医学影像处理及云服务、未来网络信息系统等产业化方向发力，通过整合中科院和地方创新资源，充分引导人才、产业、资本等多方优势形成合力,抢抓产业先机,实现技术突破、产品突破。

基于该研究院,抓住人工智能产业大发展的契机,可以培育出更多的人工智能龙头企业,进一步促进区域产业的转型升级,将园区建设成为国内外知名的人工智能创新中心、应用示范基地和产业集聚区。

(十一) 中移软件园在苏州高新区正式开园

2017年8月23日,中移软件园在苏州高新区正式开园。该园规划占地约480亩,总建筑面积36万平方米,2017年6月启用的中国移动苏州研发中心一期项目,建筑面积8万多平方米。项目总投资30多亿元,总建筑面积36万平方米,目前项目一期如期竣工,已入驻1 000余人,预计园区建成后未来可容纳10 000余人,其中自有员工4 500余人,产业集群人员5 500余人左右。

同时,苏州市政府、中移(苏州)软件技术有限公司、中国移动通信集团江苏有限公司三方签署战略合作协议。根据协议,三方将共同推动云计算、大数据、物联网、5G等高新技术产业发展,着力打造"五个一"工程,成立国内一流云计算、大数据共创中心,培养一批云计算、大数据创新型中小企业,建立统一的中小企业云服务平台,吸引一批专家人才,打造一批高新技术标杆项目,推动苏州云计算、大数据等创新产业发展。

中移软件园入驻苏州,将会对苏州的高新技术产业发展、深化产业结构调整和产业转型做出巨大贡献。

(十二) 中国移动云计算大会在苏州召开

2017年8月24日,以"大云,新IT新动力"为主题的中国移动云计算大会在苏州高新区隆重召开。本次大会以"大云,新IT新动力"为主题,包括了高峰论坛、分论坛和展览等形式,规模大、层次高、专业强,是一次全国范围内的IT盛会,更引来了华为、阿里巴巴、英特尔研发界的顶尖人才以及500余名行业专家、学者、国内外领先IT企业高管等莅临出席。这也在苏州大数据创新领域写下了浓墨重彩的一笔。本次大会有三大亮点:发布"大云4.0",成立云计算共创中心,共同探讨云计算、大数据的未来。

此次大会将带动苏州地区云计算、大数据相关产业与市场发展,吸引更多高科技企业进驻苏州,通过将云计算和大数据等应用于政府、金融、制造、交通等行业,加快提升支柱产业、积极培育新兴产业、提高制造业技术水平,助力苏州新型智慧城市建设,降低传统行业使用 IT 技术的门槛,有利于改进其生产和经营方式,推进苏州高新技术产业发展,深化经济结构调整和产业转型,促进"两化"融合。

第五章
数字经济测评方法

一、数字经济涵盖领域

随着数字经济的不断渗透,各个产业都不同程度地受到影响并实现产业增值。2016年国民经济和社会发展统计公报数据显示,2015年中国三次产业产值规模中,第一产业增值60 863亿元,增长率为3.9%;第二产业增值274 278亿元,增长率为6.0%;第三产业增值最大,增长率首次突破50%,共计增值341 567亿元。

此外,根据国家统计局数据报告,2017年度上半年中国GDP初步核算数据结果显示,第一产业的绝对额为21 987亿元,比上年同期增长3.5%;第二产业的绝对额为152 987亿元,同期增长6.4%;第三产业的绝对额为206 516亿元,同比增长7.7%,第三产业增长率依然保持领先。数字经济是中国服务业发展的重要力量,其中,信息传输、软件和信息技术服务业增长率最高,同期增长21%。增长率排名第二、第三的是租赁和商务服务业,以及交通运输、仓储和邮政业,分别为9.8%和9.2%。

目前中国的数字经济发展主要集中在以服务业为主的第三产业上,传统的第一产业农、林、牧、渔业,以及第二产业采矿业、制造业、电力、热力、燃气及水生产和供应业、建筑业,数字化程度的影响力依然相对薄弱。增长速度较快的领域都与数字经济政策,或其发展状况直接相关。

当前,加快第三产业的发展对中国经济具有重大意义。第三产业是中国经济发展的主导产业。发展第三产业能够扩大内需,加速经济发展,扩大就业领域,开拓经济发展空间,并推动第一、第二产业发展。

二、数字经济相关测评方法综述

目前,一些国家政府部门及国际组织已相继推出相关指数体系,用于度量数字经济,其中具有代表性的有:

(一)信息化发展评价指标体系

2016年11月,中国互联网络信息中心(CNNIC)发布《国家信息化发展评价报告2016》,报告中推出了信息化发展评价指标体系。该指标体系旨在全面客观地反映中国信息化发展的整体情况,与时俱进地反映中国信息化发展的动态趋势,并促进信息化发展。该指标选取的理论依据是"根据学术界通用、国际惯例和业内约定俗成的规则,信息化发展评价指标体系一般包括接入能力(ICT Access)、应用能力(ICT Use)和教育水平(ICT Skill)"。同时加入现实依据的考量。

表5-1 信息化发展水平评价体系

网络基础设施就绪度	网络资源就绪度;终端普及
产业与技术创新	产业规模;技术创新
信息化应用效应	商务应用;政务应用;消费者应用
网络安全保障	—
信息化可持续发展	政策环境;人力资源

(二)欧洲委员会的数字经济和社会指数(DESI)

数字经济和社会指数(Digital Economy and Society Index,DESI)发表于2016年2月,是衡量欧盟成员国数字经济和社会发展程度的一种工具,汇集了当前欧盟数字领域五大综合政策领域的30项指标,分别是:① 连接性:用于衡量宽带基础设施及其连接质量,宽带相关服务是衡量竞争力的一个基本条件;② 人力资本、数字技能:用于衡量国民利用科技提高生产率和促进经济增长的能力;③ 互联网使用:包括在线内容(视频、音乐、游戏等)、消费、网络通信、在线购物和在线银行等;④ 数字科技的融合:用于业务的数字化程度;⑤ 数字公共服务:用于衡量公共服务的数字化程度,特别是电子政务。

表 5-2 欧洲委员会的数字经济和社会指数(DESI)测评标准

网络接入	固定宽带覆盖度;移动宽带覆盖度;网速、价格
人力资源	基本技能及使用度(互联网使用人数、基本数字技能); 高级技能和发展(信息计算科技专家人数、理工科毕业生人数)
互联网使用	内容(新闻、娱乐、视频点播); 通信(视频通话、社交媒体); 交易(银行交易、网上购物)
数字技术融合	商业数字化(电子信息共享、射频识别、社交媒体、电子发票、云); 电子商务(中小企业网络销售、营业收入、跨境销售)
数字公共服务	电子政务用户数;在线服务完成度;数据开放

(三) 世界经济论坛的网络就绪度指数(NRI)

网络就绪指数(Networked Readiness Index)是 2002 年世界经济论坛推出的一套指标体系,自推出以来,每年发布一次。该指数表示一个国家和地区融入网络世界所做的准备的程度,其中也包含一个国家和地区加入未来网络世界的潜在能力。网络就绪指数采用的数据来自公开渠道及企业家问卷调查的结果,这是一项由世界经济论坛与全球信息技术报告所包含的国家合作机构网络(主要的研究机构和商业组织)所共同进行的问卷调查,旨在为评估国际网络指数提供重要、全面的数据。

网络就绪指数的指标主要从三方面来衡量各个经济体对信息科技的应用:① 信息科技的总体宏观经济环境、监管和基础设施;② 个人、商界和政府三方利益相关者对使用信息科技,并从中受益的准备就绪程度;③ 个人、商界和政府实际使用最新信息科技的情况。共计 64 个指标。

表 5-3 世界经济论坛的网络就绪度指数(NRI)测评标准

环境	市场环境;政策与法律环境;信息基础设施环境
就绪度	个人就绪度;企业就绪度;政府就绪度
应用	个人应用;企业应用;政府应用

(四) ICT 发展指数(IDI)

国际电信联盟于 2009 年开始,每年定期发布 ICT 发展指数(ICT

Development Index），分别从 ICT 接入、ICT 使用以及 ICT 技能三个维度来衡量各个国家和地区 ICT 的发展水平。该指标选取标准包括指数目标的相关性、数据可用性以及诸如 PCA（主成分分析）等统计分析方法的结果。

表 5-4　ICT 发展指数（IDI）测评标准

ICT 基础设施和接入指标	每百名居民固定电话数量；每百名居民移动电话数量；拥有电脑的家庭占比；每名互联网用户的国际互联网带宽；拥有互联网的家庭占比
ICT 使用指标	使用互联网的个人占比；每百名居民固定宽带数量；每百名居民活跃移动宽带数量
ICT 技能	成人识字率；总入学率（二级）；总入学率（三级）

（五）OECD 的数字经济度量指标

2014 年经济合作与发展组织在出版的《衡量数字经济：一个新的视角》一书中，为建立衡量数字经济的指标体系提出一系列建议。报告建议提高对 ICT 投资及其与宏观经济表现之间关系的度量能力，定义和度量数字经济的技术需求，提高对 ICT 社会目标及数字经济对社会影响力的度量能力，通过建立综合性和高质量的数据基础设施来提高度量能力，构建一个可将互联网作为数据源使用的统计质量框架。

同时，OECD 还建议将指标划分为智能基础设施投资、社会赋能、创新潜力释放以及增长和就业四个部分。每部分包括八到九项子项目。

表 5-5　OECD 的数字经济度量指标

智能基础设施投资	宽带渗透率；移动数据通信；互联网增长（域名数量）；网络接入速度；网络连接价格；ICT 设备和应用；跨境电子商务；安全；安全和隐私威胁感知
社会赋能	互联网用户（数量，年龄）；在线活跃度；用户成熟度；数字原住民；电子政务；ICT 教育（学校可用的互联网连接，计算机数量，参与在线课程的人员数量）；ICT 工作技能（工作电脑数量，拥有基本电脑技能的员工占比）；在线消费者；无国界内容（网站内容来源的国际化，来自其他国家网友的内容占比，例如维基百科、YouTube）
创新潜力释放	ICT 行业研发（金额和密度）；ICT 行业的创新（创新企业数量）；ICT 专利；电子商业（ICT 工具和实践在企业中的扩散度）；ICT 设计（音视频相关设计）；ICT 商标；知识扩散度（技术领域的国际共同发明）
增长和就业	ICT 投资；ICT 商业动力（ICT 就业人口增长率）；ICT 附加值；人力资本；信息行业的劳动力生产率；电子商务（拥有网站和主页的网站数量）；ICT 行业的 ICT 工作和其他工作；贸易竞争力

(六) 埃森哲(Accenture)数字化密度指数

2015年3月,埃森哲(Accenture)发布的研究显示:更多地采用数字技术能够推动世界排名前十的经济体提高生产力,到2020年可增加经济总产值1.36万亿美元。该研究的基础"埃森哲(Accenture)数字化密度指数"是一个包含50余项指标综合而成的衡量数字技术在各国企业和经济中渗透程度的指数体系。该指数可用于发现全球的"数字化热点区域",支持企业依据不同地区的数字化比较优势来部署其全球化运营。

埃森哲(Accenture)推出的这项指数和相关分析还指明,企业与政府如何加强合作才能创造条件,帮助企业取得更大数字化成效,同时在国家层面上推动由数字技术驱动的经济增长。虽然各国需要的行动方案不尽相同,但均应关注构成这项指数的四大要素:数字化市场培育、数字化企业运营、数字化资源配置以及数字化支持环境。①

表5-6 埃森哲(Accenture)数字化密度指数

市场培育	客户活动周期;数字融合市场;公司间合作
企业运营	技术流程;战略流程;人力资本;业务模式;创新;研发
资源配置	土地;劳动力;资本
支持环境	组织灵活性;连通性;社会态度;政府开支;经商便利性;监管展望

(七) 美国商务部有关数字经济评测的建议

美国商务部建议将下列信息列入数字经济的测评:

(1) 诸如公司、行业和家庭等经济不同领域的数字化程度;

(2) 数字化的效果或产出,诸如搜索成本、消费者盈余和供应链效率;

(3) 对于诸如实际GDP和生产率等经济指标的综合影响;

(4) 监控新出现的数字化领域。

(八) 腾讯"互联网+"指数

2017年4月,在杭州举办的"2017中国'互联网+'数字经济峰会"上,腾讯研究院发布了最新的《中国"互联网+"数字经济指数(2017)》报告。2015年年

---

① 环球网. 埃哲森"数字化密度指数"助政府企业明确目标. 2015-3-11.

初,李克强总理在政府工作报告中首次提出"互联网+"战略,"互联网+"数字经济指数应运而生,旨在反映从农业、工业到餐饮旅游、交通运输、零售电商、金融服务、生活O2O等几乎所有主要行业在移动端的数据产出和表现。"互联网+"指数可理解为实体经济投射到数字中国的生产生活总值,简称"数字GDP"。报告中对比了各省市与地区在"互联网+"数字经济指数中的得分情况。

表5-7 腾讯"互联网+"指数

基础	市场基础	微信的7个二级指标;手Q的15个二级指标;数字内容产品的5个二级指标
	技术基础	云消耗金额;cvm核数;IDC带宽;cdb存储
产业		分行业微信公众号的10个特征值;分行业移动支付的2个特征值;京东、滴滴、携程、新美大等共计14个特征值
双创		App数量;有效创业项目数
智慧民生		服务价值分;服务质量级分;有活跃用户数;用户回流率;用户满意度;重点行业丰富度

(九)麦肯锡连通指数(MGI Connectedness Index)

麦肯锡(Mckinsey)于2016年3月发布的《数字全球化:全球流动新纪元》报告中,使用了全球连通指数(MGI Connectedness Index),旨在量化各国在数字全球化进程中所处的位置。该指数综合了193个国家关于进出口货物、服务、金融、人力资源以及数据的流入流出情况,并计算出人均值。

表5-8 麦肯锡连通指数(MGI Connectedness Index)

产品	产品总量;研发密集型商品;资本密集型商品;劳动密集型商品;原发性资源
服务	服务总量;知识密集型服务;劳动密集型服务;资本密集型服务;文化与社会服务;政府服务
金融	金融流动总额;FDI流动;组合投资;股权;股票;贷款;存款;汇款;金融股票总额
人力资源	移民;旅行;国际学生
数据	宽带用量

(十)华为——全球联接指数(GCI)

全球联接指数(Global Connectivity Index)是华为于2014年提出的,聚焦探索创新的 ICT 技术对国家经济发展的影响,对国家数字经济发展现状进行量化评估的指数体系,旨在为国家和行业的数字化转型提供评估建议。

全球联接指数围绕四大经济要素——供给、需求、体验和潜力,和五大使能技术——宽带、数据中心、云计算、大数据和物联网,设计了 40 个指标,对所研究的国家进行客观的评估、分析、预测,旨在量化其数字化转型的进程,为政策制定者提供决策参考和依据。与此同时,全球联接指数 GCI 将国家数字经济进程以 2020 为目标进行打分,并将 50 个国家按所得分数分为起步者、加速者、领跑者,方便国家定位自己在数字化进程中的位置、优势和差距。

表 5-9　华为——全球联接指数(GCI)

供给	衡量数字经济中 ICT 产品和服务的现有供给水平	ICT 总投资;电信投资;ICT 相关的法律法规;国际出口带宽、光纤到户;4G 覆盖率;数据中心投资;云服务投资;大数据投资;物联网投资
需求	衡量数字经济产业的使用现状及应用水平	应用下载量;电子商务交易量;智能手机渗透率;计算机家庭渗透率;固定宽带用户数;移动宽带用户数;数据产生量;物联网设备总数量
体验	衡量个人与企业的用户体验和满意度	电子政务;电信客户满意度;互联网参与度;宽带下载速率;数据中心使用体验;移动宽带可支付性;固定宽带可支付性;大数据体验;云服务体验;物联网体验
潜力	衡量 ICT 对数字经济的潜在推动力	研发投入;ICT 专利数;IT 从业人员数量;软件开发者数量;ICT 市场潜力

(十一) 国家信息中心——信息社会指数(ISI)

国家信息中心于 2010 年完成了首份中国信息社会测评报告——《走进信息社会:中国发展报告 2010》,并推出了信息社会指数,对中国大陆 31 个省份的信息社会发展现状进行测评。

根据《中国信息社会发展报告 2016》显示,信息社会的基本内涵来自 2003 年日内瓦信息社会世界峰会所发表的《原则宣言》:"信息社会是一个以人为本、具有包容性和面向全面发展的社会。在此信息社会中,人人可以创造、获取、使用和分享信息和知识,使个人、社会和各国人民均能充分发挥各自的潜力,促进实现可持续发展并提高生活质量。"而信息社会指数正是以信息社会的四个主要特征设计了四个分指数,分别为信息经济、网络社会、在线政府以及数字生活。

表 5-10 信息社会指数(ISI)测评标准

信息经济指数(30%)	经济发展指数(25%)	人均 GDP 指数
	人力资源指数(25%)	成人识字指数
		教育投入指数
		大学生指数
	产业结构指数(25%)	产值结构指数
		就业结构指数
	发展方式指数(25%)	研发投入指数
		创新指数
		能效指数
网络社会指数(30%)	支付能力指数(50%)	固定宽带支付能力指数
		移动电话支付能力指数
	社会发展指数(50%)	人均寿命指数
		城镇化指数
		空气质量指数
在线政府指数(10%)	—	—
数字生活指数(30%)	移动电话指数(30%)	—
	电脑指数(30%)	—
	互联网指数(30%)	—

(十二) 中国信息通信研究院——中国信息经济指数(IEI)

2016 年 9 月,中国信息通信研究院首次发表信息经济指数(Information Economy Index),用来表现全国信息经济发展状况。IEI 是景气指数,旨在综合反映当前信息经济的波动轨迹,有效监测信息经济的发展态势,科学预测未来信息经济的发展趋势,为行业分析、政策制定、政策评价等提供重要参考。[①]

中国信息经济指数从宏观经济、基础能力、基础产业、融合应用四个方面选取了 20 余项分指标。这 20 个指标被分为三组:先行指标、一致指标和滞后指标。先行指标包括 ICT 行业信息技术及应用的发展现状与趋势。一致指标反映

---

① 中国信息通信研究院. 中国信息经济发展白皮书[R]. 2016.

了属于信息经济供给部分的ICT产业本身的发展状况,以及互联网与其他行业的融合应用情况。滞后指标体系则包含第二产业、第三产业的增加值,以及信息消费规模。

表5-11 中国信息经济指数(IEI)测评标准

先行指标	大数据投融资;云计算服务市场规模;物联网终端用户数;移动互联网接入流量;移动宽带用户数;固定宽带接入时长;固定宽带用户数;固定资产投资完成额
一致指标	ICT主营业务收入;ICT综合指数;互联网投融资;电子信息产业进出口总额;电子商务规模;"互联网+"协同制造;"互联网+"智慧能源;"互联网+"普惠金融;"互联网+"高效物流;互联网服务市场规模(含网络约租车服务规模、网络视频日均点播、微信月度活跃用户数、搜索引擎市场规模、电子支付业务量)
滞后指标	工业增加值;第三产业增加值;信息消费规模

(十三) 中国信息通信研究院——中国数字经济指数(DEI)

2017年7月,中国信息通信研究院发布了《中国数字经济发展白皮书2017》,书中使用数字经济指数(Digital Economy Index, DEI)来观测全国数字经济发展状况。该指数是通过选取一系列与数字经济发展周期波动存在明确相关关系的经济发展指标,利用统计方法计算得出的景气合成指数。

表5-12 中国数字经济指数(DEI)测评标准

先行指标	大数据投融资;云计算服务市场规模;物联网终端用户数;移动互联网接入流量;移动宽带用户数;固定宽带接入时长;固定宽带用户数;固定资产投资完成额
一致指标	ICT主营业务收入;ICT综合指数;互联网投融资;电子信息产业进出口总额;电子商务规模;"互联网+"协同制造;"互联网+"智慧能源;"互联网+"普惠金融;"互联网+"高效物流;互联网服务市场规模(含网络约租车服务规模、网络视频日均点播、微信月度活跃用户数、搜索引擎市场规模、电子支付业务量)
滞后指标	第一产业增加值;工业增加值;第三产业增加值;信息消费规模

(十四) 数字经济发展等级衡量指标体系

除此之外,经济学人信息部就全球数字经济发展及国际比较连续多年发布年度基准报告,其数字经济发展等级衡量指标体系如表5-13所示。

表 5-13　数字经济发展等级衡量指标体系

指　标	百分比
网络连接水平及技术基础设施	20%
商务经营环境	15%
社会和文化环境	15%
法律环境	10%
政府政策和规划	15%
个人消费和商务应用	25%

可以看出,个人消费和商务应用在该指数中占比最大,由此可知数字经济市场的重要地位,加速数字融合是发展数字经济的关键。此外,网络连接能力及技术基础设施占比第二,为20%,对于一些历史悠久、城市建设早已完成的老牌国际城市,基础设施的改造较为复杂,也因此成为限制这些城市数字经济高速发展的原因之一。另外,商务经营环境、社会和文化环境、政府政策和规划这三个指标的权重都是15%,这三个指标综合衡量了一个城市社会发展的成熟度和居民数字素养的程度。除此之外,法律环境占比10%,在该指标中占比较少,但在实际实施时,适时适度的数字经济政策是推动其顺利发展的关键。

(十五) 中国城市数字经济指数

2017年4月,新华三集团数字经济研究院发布了《中国城市数字经济指数白皮书(2017)》。选取了覆盖85%的省会城市、30%的人口以及全国50%的GDP的40个城市,使用中国城市数字经济指数白皮书进行测算,并将其划分为三个阶段:起步阶段、发展阶段、领先阶段。这篇报告使用的指数由四个一级指标构成,分别是:城市信息基础、城市服务、城市治理以及产业融合。其中,城市信息基础占比20%,涵盖信息基础设施、数据基础、运营基础三个二级指标;城市服务占比最多,高达35%,包括政策规划、智慧民生以及应用成效;城市治理占比25%,由政策规划、智慧治理、应用成效构成;产业融合占比20%,分别量化了"互联网+农业""互联网+工业"以及"互联网+服务业"。

从上述指标体系中不难看出,大部分指标都将ICT基础设施、政策环境、人力资源以及数字化应用情况作为衡量数字经济的重要评估依据。信息通信技术是发展数字经济的坚实基础,政策环境是发展数字经济的有力支撑,人力资源是发展数字经济的关键要素,而数字化应用则是发展数字经济的核心内容。因此,这四项指标是测量数字经济不可或缺的重要指标。但是,要在高速发展的数字信息时代准确把握合适的参照指标,真实有效地反映出这四项基本指标并非易事。

数字经济已融入中国社会生活的方方面面,给居民生活带来了翻天覆地的改变。随着互联网设施的逐步完善与普及,互联网应用的需求被不断激发,其中生活服务类产品尤甚。从影音娱乐到网络购物,从商务交易到互联网金融,从公共服务到共享经济,数字经济已经渗透进居民日常生活的方方面面,对全球经济发展起到很大程度的推动作用。尤其对中国而言,在经济体量较大,但增速放缓的经济新常态下,数字经济已成为中国经济发展的新引擎,对不同地区数字化与产业融合的深度与推动的方向稍有不同。

但尽管如此,数字经济却是一种容易感受得到,却难以看到的经济形式,其形态的复杂性与强大的行业渗透能力,给数字经济的量化和测评工作造成了一定程度上的困难。因此,精准测评数字经济,并正确看待数字经济对人类社会产生的各种影响,能够帮助各级政府制定合适的数字经济发展战略,并能对实施成果进行阶段性总结和准确评价。同时大数据为数字经济相关数据的采集与处理工作提供了全新高效的解决方案,利用大数据技术,在数据采集工作中得以采用大规模、多维度、高频度以及更快速的数据获取方式,使得数字经济指数的构建与测算更具真实性和准确性。

苏州政府一直以来对数字经济发展高度重视,已陆续推出相关发展战略并逐步实施。通过积极布局和推动相关产业发展,形成苏州数字经济、信息经济、创新经济发展的产业集聚效应,进一步推动苏州产业结构转型升级。在此背景下,为准确把握数字经济发展趋势和特点,苏州发改委联合苏州大学、国家信息中心和国信优易数据有限公司,共同开展基于大数据的苏州数字经济指数研究,并提出对于苏州数字经济测评的指标体系。本研究对苏州、全国(平均)和其他部分城市的数字经济发展水平进行定量测算与分析。

本次基于大数据的研究和指数评价可以展现苏州经济发展状况和变化,能有力解释苏州发展数字经济的紧急性和重要性,客观呈现苏州数字经济发展现状,为其生成新的经济增长动能提供理论依据和数据支撑。

苏州数字经济指数的设计也涵盖了前文提及的ICT基础设施、政策环境、人力资源以及数字化应用情况这四项重要因素。以城市为单位,有针对性地根据苏州经济特点及发展状况,遵循严格的指标筛选标准,在三项一级指标的基础上,选取了10项二级指标,26项三级指标。通过对海量数据的"爬取"与整理,对数据进行归一化以及赋权与汇总,得出更为科学的、更能反映苏州数字经济发展状况的指数体系。

三、数字经济指标体系构建原则

指标是对复杂对象的认知方法,涉及观测、统计、核算、评价。其中,观测是基础,评价是目的。指标表示对象的可观测属性,而指标值是指对象可观测属性的度量。指标的核心是对象的可观测属性和度量的科学性。指数则是基于指标,由指标"综合"生成的,指数一般不是直接观测的结果,它应该有具体意义。

指数体系可以帮助我们研究经济现象的长期发展趋势,分析复杂经济现象总变动中各因素变动的影响方向和程度,从而找出现象变动的具体原因。因此,建立指数体系对发展数字经济、制定相关政策、量化阶段性成果具有十分重要的意义。

数字经济指数是单对象、多指标的加成,相比多对象、单指标的指数更为复杂。为了确保指数评价结果的科学性与准确性,指数体系的构建,要遵从以下五项基本原则:

(一) 系统性

指标体系不是指标的简单堆砌,而是一个层次分明的整体,不同维度的指标处于不同层级,形成一定的秩序,同层级指标之间、指标层与指标层之间具有清晰的逻辑关系。指标体系中的单个指标能反映评价对象发展的某个侧面,而指标的综合又能反映整体情况。

(二) 可比性

它是指最终计算结果的横向对比和纵向对比以及多变量分析。通过不同区域数字经济发展指数的比对,可以发现在评价测度方面的差距。通过同一地区不同频度的指数比较,可以发现该地区信息化发展的方向、水平和速度。多变量分析可以找出评价区域数字经济发展的主要优势和劣势,是原因分析与对策提出的重要前提。

(三) 科学性

一是指标的选择尽量排除主观因素的影响,以定量指标为主,定性指标为辅;二是指标体系力求严谨、准确地反映信息化发展的现实情况和未来潜力。科学性是数字经济指数设计遵循的主要原则,从而确保指数计算结果能够客观反映数字经济发展的趋势方向、现实水平以及变化速度。

(四) 可操作性

数字经济指数面临的问题是理论模型的合理性与数据可获得性之间的不一致性,在理论上非常理想的测度指标往往面临数据难以获得的困境;在现实中很容易获得的数据,却可能与指标设计的相关性不高。因此,指标的设计力求在理论科学性和数据可获得性之间取得平衡。

(五) 动态优化

数字经济是一个动态发展的过程,网络基础设施的升级、信息技术的变革、数据可获得性的变更、新数据源的出现以及评价目标的调整,都会导致数字经济指标的动态演化。在保持指标体系总体框架基本稳定的前提下,综合权衡数字经济发展的阶段态势,适时对指标进行动态补充调整,可以更加全面客观地反映数字经济发展状况。

第六章
苏州数字经济指标体系构建

一、苏州数字经济测评原则

数字经济本质是相对复杂的、异质性的一个大系统,是包括政治、经济、技术、社会、文化和生活等在内的多种因素综合作用的结果。对于这种复杂的系统测评,一般采用基于多指标体系的综合指数法,选择一组能够反映数字经济主要特征的指标,将不同性质的指标值经过标准化处理,最终转化成一个综合指数,以反映数字经济发展状况和水平。

在采用多指标综合指数法测评过程中,最为关键的是指标体系的选择。对于苏州数字经济指标体系的编制和测评,在遵循系统性、可比性、科学性、可操作性和动态优化五项基本原则之外,还需从三个方面进行必要考量:一是所选取的指标必须能够反映数字经济主要特征;二是所选取的指标的数据是可获得的和高质量的;三是所选取的指标必须既相对完整,又具有可扩展性,从而能够根据数字经济动态演变而对指标体系进行调整和完善。

根据对数字经济的研究总结归纳和上述原则等,在国家信息中心领导的指导下,本次研究从发展环境、信息产业和数字化融合发展三个维度设计了数字经济评价指标体系。

二、苏州数字经济指标体系说明

从数字经济发展相关三个阶段和传统产业融合的角度,通过考量重叠部分的发展趋势进行指标体系构建,即传统经济、纯数字经济以及数字化融合经济,与第一产业、第二产业及第三产业重叠部分。这其中,纯数字经济与工业重叠部分为 ICT 硬件产品制造业,与服务重叠部分为 ICT 软件和信息服务业;数字化融合经济与第一产业重叠部分为数字农业,与第二产业重叠部分为高端制造业或智能制造业,与第三产业重叠部分为数字内容产业。

因此,数字经济指标体系主要从发展环境、信息产业、数字化融合发展三个维度度量,将这三个维度作为一级指标。其中发展环境由信息基础设施、知识产权和核心政策推动三个二级指标构成;信息产业由 ICT 硬件产品制造业、ICT 软件和信息服务业两个二级指标构成;数字化融合发展由电子政务、数字消费、社交媒体三个二级指标构成。其中每个二级指标分别由显示其特征的三级指标构成。具体如表 6-1 所示。

表 6-1 数字经济指标体系

一级指标	二级指标	三级指标
发展环境	信息基础设施	固定宽带普及率(%)
		移动互联网覆盖率(%)
	知识产权	科技论文产出(篇)
		科技专利产出(个)
	核心政策推动	核心政策发布数量(项)
信息化产业 (ICT 产业/数字化产业)	ICT 硬件产品制造业	企业数量(个)
		企业数量占比(%)
		从业人员(人)
		专业技术人员占比(%)
		研发投入占利润比(%)
		产值比(%)
	ICT 软件和信息服务业	企业数量(个)
		企业数量占比(%)
		从业人员(人)
		专业技术人员占比(%)
		研发投入占利润比(%)
		产值比(%)
		电信运营收入/广播电视数字出版行业产值(元)

（续表）

一级指标	二级指标	三级指标
数字化融合发展	电子政务	政府信息公开条目（条）
		在线办公数量（条）
	数字消费	数字消费额度（第三方电子支付额度）（元）
		第三方电子支付频度（次）
		第三方电子人均支付频度（次）
		数字消费额度人均频度（元）
		主要生活类APP人均使用频度（次）
		主要生活类APP使用频度总和（次）
	社交媒体	影响力较大的微博微信公众号活跃度（次数）

三、数据获取和使用

总体来看，数字经济指数的编制过程和方法，有两个特点：

第一，数字经济指标是基于海量数据完成的。通过"爬取"300多个互联网网站，采集数据共计268.4亿条，包括微博、微信公众号、博客、新闻、专利、电商和上市企业数据等。目前每日新增数据量540多万条，用以支撑后续的指数更新工作。

第二，数字经济指数使用了一些政府部门数据。在数字经济指数的编制过程中，我们得到国家信息中心的大力支持和指导，同时使用了组织机构代码中心等部门的相关企业数据。数字经济指数计算具体使用了如表6-2所示的数据集。

表6-2　数字经济指标数据说明

序号	数据集名	数据量	出处
1	政府公开条目信息数据	511万条	各政府官网爬取、互联网
2	政府相关政策数据	2 455项	各政府官网爬取、互联网
3	移动宽带覆盖率数据	144条	互联网爬取
4	科技论文数据	450万条	中国知网统计数据
5	科技专利数据	1 500万条	国家专利局数据
6	上市企业基本信息数据	14 367家	上市企业财报

(续表)

序号	数据集名	数据量	出处
7	第三方数字消费额度与频度数据	140亿笔	第三方公司提供
8	主要生活类APP使用频度数据	100亿次	第三方公司提供
9	微博数据	8 190万条	新浪微博、搜狐微博等
10	微信数据	1 461万条	腾讯微信
11	新闻数据	1 278万条	新华网、人民网、百度新闻

四、苏州数字经济指数算法及权重

苏州数字经济指数根据获取的完整的指标数据,先进行各级指标的权重评估和计算,然后对权重进行检验调整。采用线性函数规范化对原始数据进行矩阵归一化,随后根据计算调整后的权重,用线性加权法得出综合指数。

(一)指数计算方法

1. 指标权重计算

以层次分析法确定指标权重。

层次分析法(Analytic Hierarchy Process,简称AHP),是将复杂问题分解成多个组成因素,并将这些因素按支配关系进一步分解,按目标层、准则层、指标层排列起来,组成一个多目标、多层次的模型,形成有序的递阶层次结构;通过两两比较的方式确定层次中诸要素的相对重要性,然后综合评估主体的判断确定诸因素相对重要性的总顺序。层次分析法的基本思想就是将组成复杂问题的多个元素权重的整体判断转变成对这些元素进行"两两比较",然后再转为对这些元素的整体权重进行排序判断,最后确立各元素的权重。

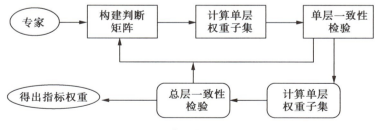

图 6-1 层次分析法实施流程

① 建立指标递阶层次结构及构造两两比较判断矩阵。对指标体系中的每一层次各因素的相对重要性用数值形式给出判断,并写成矩阵形式(表6-3)。

表 6-3 各因素相对重要性

A_k	B_1	B_2	…	B_n
B_1	B_{11}	B_{12}	…	B_{1n}
B_2	B_{21}	B_{22}	…	B_{2n}
M	M	M		M
B_n	B_{n1}	B_{n2}	…	B_{nm}

矩阵 B_{ij} 表示相对于 A_k 而言,B_i 和 B_j 的相对重要性,通常取 1,2……9 及它们的倒数作为标度,标度及其含义见表6-4。

表 6-4 判断矩阵标度及其含义

标度	含 义
1	两指标相比,具有同等重要程度
3	两指标相比,一个指标比另一个指标稍微重要
5	两指标相比,一个指标比另一个指标明显重要
7	两指标相比,一个指标比另一个指标非常重要
9	两指标相比,一个指标比另一个指标极端重要
2,4,6,8	取上述两相邻判断中的中值

任何判断矩阵都应满足

$$B_{ij} = 1$$

$$B_{ij} = \frac{1}{b_{ij}} \quad (i,j = 1,2,\cdots,n)$$

② 层次单排序和一致性检验。层次单排序是根据判断矩阵计算对于上一层因素而言,本层次与之有联系的因素的重要性次序的权值。它可以归结为计算判断矩阵的特征和特征向量问题,即对判断矩阵 B,计算满足 $BW = \lambda_{max} W$ 的特征根和特征向量,并将特征向量正规化,将正规化后所得到的特征向量 $W = [W_1, W_2, \cdots, W_n]^T$ 作为本层次元素 $b_1, b_2, \cdots, b_n$ 对于其隶属元素 A_k 的排序权值。

由于受诸种主客观因素的影响,判断矩阵很难出现严格一致性的情况。因此,在得到 λ_{max} 后,还需要对判断矩阵的一致性进行检验。

为了检验判断矩阵的一致性,需要计算它的一致性指标 CI,定义 $CI = \frac{\lambda_{max} - n}{n - 1}$,当 $CI = 0$ 时,判断矩阵具有完全一致性。$\lambda_{max} - n$ 愈大,CI 就愈大,那么判断矩阵的一致性就差。为了检验判断矩阵是否具有满意的一致性,需要将 CI 与平均随机一致性指标 RI 进行比较。RI 的取值见表 6-5。

表 6-5 平均随机一致性指标 RI 的取值

阶数 n	1	2	3	4	5	6	7	8	9
RI	0.00	0.00	0.58	0.90	1.12	1.24	1.32	1.41	1.45

如果判断矩阵 $CR = CI/RI < 0.10$ 时,则此判断矩阵具有满意的一致性,否则就需要对判断矩阵进行调整。在这里,具体指标之间的两两比较,一般可以通过调查访问法、专家咨询法进行。根据各指标的重要性构造判断矩阵进行计算。

2. 总指数计算

苏州数字经济指数的计算采用线性加权求和法。其指数评价体系运用多个指标,多方面地对一个参评单位进行评价。

① 无量纲化。无量纲化是为了在多指标综合评估中,消除计量单位的差异和指标数值的数量级、相对数形式的差别,解决数据指标的可比性问题,使各指标处于同一数量级,便于进行综合对比分析。

假设某个一级分指数有 n 个二级指标,一共有 m 个评价月份,那么该一级分指数的原始数据矩阵为 $A = (a_{ij})_{m \times n}$,对其作无量纲化后得到 $R = (r_{ij})_{m \times n}$。

无量纲化公式如下:

其中,当指标为正向指标,即数值大者为优时,归一化公式为:

$$r_{ij} = \frac{a_{ij} - \min_{i}\{a_{ij}\}}{\max_{i}\{a_{ij}\} - \min_{i}\{a_{ij}\}}$$

当指标为负向指标时,即数值小者为优时,归一化公式为:

$$r_{ij} = \frac{\max_i\{a_{ij}\} - a_{ij}}{\max_i\{a_{ij}\} - \min_i\{a_{ij}\}}$$

② 计算总指数。指数评价体系是一种运用多个指标,多方面地对一个参评单位进行评价的方法。其基本思想是通过多方面,选择多个指标,并根据各个指标的不同权重,进行综合评价。通常是指标的完成值除以指标的标准值,乘以各自权数,加总后除以总权数得到。

权重的确定方法有两种,一是客观的方法,二是主观的方法。客观的方法计算的权重由指标数据计算得来,好处是唯一稳定,不受主观影响,缺点是意义偏离较大;而主观的方法由专家打分得来,好处是意义比较明确,缺点是不唯一,人为干扰很大。本指数使用层次分析法来给各指标赋值。假设 r_{ij} 是某个一级指标下的第 j 个二级指标,w_j 是该指标的权重,那么该一级指数 p_i 为:

$$p_i = \sum_{j=1}^{m} r_{ij} \times w_j$$

假设 p_{ik} 是第 k 个一级指标,w_k 是第 k 个一级指标的权重,那么总指数 C 为:

$$C = \sum_{k=1}^{n} p_{ik} \times w_k$$

(二) 指标权重

表6-6　指标权重

一级指标	二级指标	三级指标
数字经济指数 — 发展环境(30%)	信息基础设施(50%)	固定宽带普及率(%)(30%)
		移动互联网覆盖率(%)(70%)
	知识产权(25%)	科技论文产出(篇)(50%)
		科技专利产出(个)(50%)
	核心政策推动(25%)	核心政策发布数量(项)(100%)
数字经济指数 — 信息化产业(ICT产业/数字化产业)(40%)	ICT硬件产品制造业(50%)	企业数量(个)(15%)
		企业数量占比(%)(15%)
		从业人员(人)(10%)
		专业技术人员占比(%)(10%)
		研发投入占利润比(%)(10%)
		产值比(%)(40%)

(续表)

一级指标	二级指标	三级指标
数字经济指数	信息化产业(ICT产业/数字化产业)(40%)	ICT软件和信息服务业(50%)	企业数量(个)(15%)
		企业数量占比(%)(15%)
		从业人员(人)(15%)
		专业技术人员占比(%)(15%)
		研发投入占利润比(%)(10%)
		产值比(%)(15%)
		电信运营收入/广播电视数字出版行业产值(元)(15%)
	数字化融合发展(30%)	电子政务(20%)	政府信息公开条目(条)(50%)
		在线办公数量(条)(50%)
	数字消费(70%)	数字消费额度(第三方电子支付额度)(元)(20%)
		第三方电子支付频度(次)(20%)
		第三方电子人均支付频度(次)(20%)
		数字消费人均额度(元)(20%)
		主要生活类APP人均使用频度(次)(10%)
		主要生活类APP使用频度总和(次)(10%)
	社交媒体(10%)	影响力较大的微博微信公众号活跃度(次数)(100%)

五、苏州数字经济指数计算结果

表6-7 2016—2017年苏州和4个城市及全国平均数字经济指数计算结果

指标	苏州	全国	北京	上海	杭州	深圳
2016年7月	33.98	16.52	42.80	44.47	36.63	44.36
2016年8月	38.20	23.12	48.08	47.73	41.86	47.58
2016年9月	42.42	26.71	55.31	49.98	53.32	50.90
2016年10月	49.42	22.49	57.60	48.42	51.02	51.70
2016年11月	53.90	28.45	63.06	56.61	54.08	63.25
2016年12月	49.44	23.04	64.90	64.02	44.24	64.59
2017年1月	43.49	24.10	63.01	59.96	51.99	62.96
2017年2月	40.68	18.44	59.77	48.36	43.96	58.03
2017年3月	40.51	22.35	67.99	49.53	44.29	59.44
2017年4月	41.26	23.57	62.60	59.12	48.01	59.71
2017年5月	45.61	24.08	67.29	59.18	44.77	59.18
2017年6月	46.72	26.02	68.51	67.53	53.10	60.78

表 6-8　苏州数字经济分指数计算结果

日期	总指数	发展环境	信息产业	数字化融合发展
2016 年 7 月	33.98	13.93	10.39	9.67
2016 年 8 月	38.20	16.15	13.19	8.87
2016 年 9 月	42.42	14.58	15.83	12.02
2016 年 10 月	49.42	16.31	16.61	16.50
2016 年 11 月	53.90	19.82	18.88	15.20
2016 年 12 月	49.44	15.83	21.81	11.81
2017 年 1 月	43.49	12.20	18.79	12.49
2017 年 2 月	40.68	12.43	18.01	10.23
2017 年 3 月	40.51	12.26	17.98	10.28
2017 年 4 月	41.26	12.39	18.35	10.53
2017 年 5 月	45.61	13.82	20.39	11.40
2017 年 6 月	46.72	13.53	21.80	11.39

本研究数字经济指数得分范围在 0～100 之间，得分越低代表一个地区在测评时间内数字化与产业融合程度越低，对该地区经济引领和驱动程度越差，数字经济发展程度越低；反之，得分越高则代表一个地区在测评时间内数字化与产业融合发展程度越高，对该地区经济引领作用越强。

苏州地理位置紧邻上海和杭州，经济发展受其影响较大；多年来对外贸易所占份额较高，与深圳同为经济外向型城市。因此，本次计算测评除苏州之外，同时选取了经济发达的一线城市北京、上海、杭州、深圳和全国（平均），以便与苏州数字经济结果进行有效对比。

第七章
苏州数字经济发展分析

一、2016年苏州数字经济运行情况

(一) 2016年苏州数字经济指数发展趋势

从指数发展趋势来看,2016年7—12月份苏州和全国数字经济整体呈上涨态势,苏州累计增长15.46。2016年7月份,苏州数字经济指数得分为33.98,7—11月份缓慢上涨,11月份达到下半年最高值53.90,12月份该指数小幅下降,为49.44。

图7-1　苏州与全国数字经济总指数对比

从全国数字经济指数走势看,2016年7月份,数字经济指数得分为16.52,低于苏州17.46;7—11月份总体上涨,其中11月份达到下半年最高值28.45;

12月份小幅下降为23.04,低于苏州26.40。7—12月份,全国数字经济指数整体呈波动上涨态势,累计增长6.52,低于苏州的15.46。

从数字经济运行情况看,2016年7—12月份,苏州与全国整体运行走势较为一致,但全国表现整体低于苏州。从增速和发展趋势稳定性来看,苏州数字经济发展情况整体高于全国平均水平,且2016年10月份后差距逐渐拉大。

2016年是"十三五"规划实施的第一年,苏州政府按照习近平总书记对江苏发展的明确定位和中央、省委的部署要求,立足自身改革开放和现代化建设实际,综合考虑未来发展趋势和条件,计划在"十三五"期间,将苏州建设成为具有国际竞争力的先进制造业基地、具有全球影响力的产业科技创新高地、具有独特魅力的国际文化旅游胜地和具有较强综合实力的国际化大城市。

为此,苏州政府制定了一系列发展战略以建立具有综合竞争优势的产业科技创新体系,这些举措将直接作用于数字经济的提升。在"十三五"期间,深入推进大众创业万众创新,以企业需求为导向,完善政策扶持体系,促进形成较大规模的具有核心技术和竞争力的企业集群,全力夯实企业创新主体地位。同时,以建设苏南国家自主创新示范核心区为目标,优化创新空间布局,全力建设以创新驱动为核心、以服务经济为主体、以高端制造为基础、以优秀人才为支撑的具有国际影响力和世界水平的高科技产业园区,进一步打造创新创业生态系统,并加快融入全球创新网络体系。

从2016年苏州数字经济指数的走势上,可以看出苏州推行"十三五"规划的决心与发展潜力。

(二)2016年苏州数字经济指数分析

从总指数看,苏州数字经济自2016年7月份至12月份呈逐步上升趋势。7月份为33.98,12月份增至49.44,6个月累计增长15.46。自2016年10月起,指数上涨趋势加快,10月份增幅较9月份扩大2.79,随后两个月小幅收窄。整体来看,7—12月份苏州数字经济指数环比月均增速为8.2%,较苏州全部工业总产值高7.5个百分点,较苏州制造业新兴产业产值高5个百分点,较苏州规模以上工业总产值高5.9个百分点。

苏州工业较为发达,是经济增长和发展的原动力,在苏州以及全国的经济发展中有举足轻重的地位。因而从2016年苏州数字经济与传统工业经济增速来看,数字经济的快速发展已对苏州经济发展起到明显拉动作用。

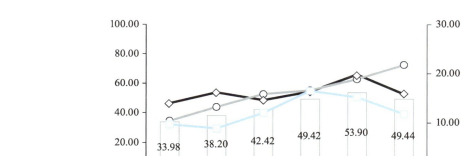

图 7-2 2016 年 7—12 月份苏州数字经济总指数

从数字经济指数结构看,构成苏州数字经济指数的三个一级指标,即发展环境、信息产业和数字化融合发展在 7 月份至 12 月份之间总体呈上涨态势,7—12 月份分别累计增长 1.90、11.42 和 2.14,对于总指数增长拉动贡献分别为 12.3%、73.9% 和 13.8%。其中,信息产业对苏州数字经济贡献最大,起主要拉动作用。

2016 年 7—12 月份,信息产业分指数呈快速持续上涨态势,月均增速 16.2%,高于数字经济总指数 8 个百分点,对于苏州数字经济发展起到整体拉动作用。

发展环境分指数和数字化融合发展分指数均呈波动性上涨,其中发展环境分指数 7 月份为 13.93,11 月份上涨为最高值 19.82,12 月份小幅回落为 15.83,月均增速 3.9%。数字化融合发展分指数 7 月份为 9.67,10 月份上涨为最高值 16.50,随后两个月均小幅下滑至 11.81,月均增速为 6.9%。

指数结果表明,信息产业在构成数字经济指数的三个一级指标中增速最快,对苏州数字经济总指数拉动作用明显高于其他两个一级指标,是苏州数字经济发展的主要增长极。

信息产业在苏州数字经济指数中占比最大,为 40%,由 ICT 硬件产品制造业和ICT软件信息服务业均比构成。其中,ICT软件和信息服务业表现相比较好,月均增速也高于ICT硬件产品制造业。

(三) 2016年苏州数字经济分指数运行情况

1. 发展环境分指数

从构成发展环境的三个二级指标走势来看,信息基础设施明显高于知识产权和信息化相关政策两个二级指标,对于发展环境分指数起到明显拉动作用。

其中信息化基础设施指标由固定宽带普及率和移动互联覆盖构成,说明苏州网络基础设施建设发展较快,移动互联覆盖率高,发展数字经济基础环境良好。

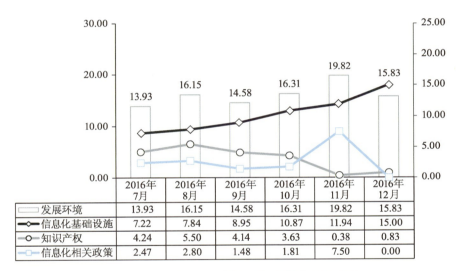

图7-3 2016年7—12月份苏州发展环境分指数

根据2017年4月苏州市委宣传部、苏州市委网信办联合发布的《2016年度苏州市互联网发展状况报告》显示,截至2016年12月31日,苏州网民规模为899.4万人,互联网普及率为74.0%,均创历史新高。

2. 信息产业分指数

从构成信息产业的两个指标走势看,ICT硬件产品制造业与ICT软件和信息服务业均呈上涨态势,其中ICT软件和信息服务业连续快速上涨,下半年累计增长10.6,对信息产业增长拉动贡献为92.4%,是影响苏州数字经济增长极的主要因素。

从增长趋势上看,ICT 硬件制造业增幅不大,基本维持在固定占比。ICT 软件服务业和信息产业在 2016 年则涨势迅猛,7 月份 ICT 软件服务业仅超出硬件制造业 34%,12 月时,已超出 211.5%。信息产业增速与 ICT 软件服务业不相上下,从 7 月份的 10.39 到 12 月份的 21.81,半年里增加了 109.9%。

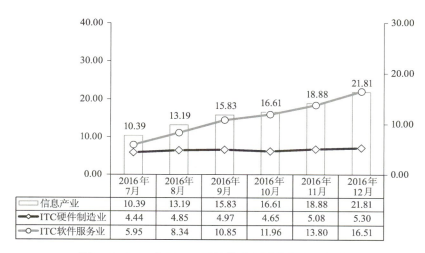

图 7-4　2016 年 7—12 月份苏州信息化产业分指数

3. 数字化融合分指数

从构成数字化融合分指数的三个指标月度走势看,发展趋势波动较大的是数字消费指标,2016 年 7 月份为 2.63,10 月份达下半年最高值 10.72,随后两个月小幅下滑至 6.3,6 个月累计增速 3.67,增速高于数字化融合分指数 1.53。其中 10—12 月份数值较高,10 月份增长 6.83,11 月份小幅回落 0.62,12 月份再次回落至 6.30。从运行走势看第四季度明显高于第三季度,对 10—12 月份数字化融合发展指数起到明显整体拉升作用。

数字消费指标由第三方电子支付总额度及人均额度、第三方支付总次数及人均次数、主要生活类 APP 使用总数及人均次数构成。四季度发展趋势明显向好的原因一是由于受国庆、双十一等节日影响,消费较为集中;二是杭州 G20 峰会过后,苏州市政府加大对数字经济发展的重视和对相关行业发展推动的力度,在四季度逐渐凸显成效。

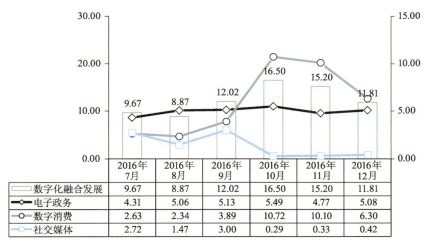

图 7-5　2016 年 7—12 月份苏州数字化融合发展分指数

数字消费是数字经济影响居民日常生活的一大体现。独特的社会环境与市场结构使得中国一跃成为数字消费第一大国。根据麦肯锡（Mckinsey）的调查，中国数字消费的五大趋势分别为：

（1）低线城市崛起，即三线及三线以下的城市线上消费总量赶超一、二线城市；

（2）移动购物和多屏购物，即智能手机购物占比居高，并且超过三分之二的消费者使用多个屏幕进行购物；

（3）全渠道消费，超过 85% 的消费者在购买之前同时参考线上、线下的体验；

（4）社交购物、微信内购物在过去一年里增长率超 50%；

（5）跨境电商、海外电商作为补充性满足高线城市和低线城市的不同需求。

数字消费是数字化融合发展中占比最大的二级指标，高达 70%，直接体现了数字经济对 GDP 的影响力。2016 年度统计，苏州网民主体年龄段集中于 10～49 岁之间，20～29 岁年龄段比例最高。在全体网民中，78.3% 有过网购经历，其中移动端消费占比达 84.3%。苏州网购用户花费主要集中在 2 000 元及以下，其中月均网购花费 1 000 元以内的网络用户最多。① 着重提高数字消费服务

---

① 江苏省经济和信息化委员会．江苏省"十三五"信息基础设施建设发展规划．2016-8-22.

水平,增添便利的数字消费渠道,有利于发展数字经济。

电子政务建设一直以来都是苏州市政府的工作重点之一。2016年,苏州的电子政务一直维持在较高水平。"十三五"期间苏州电子政务建设与发展目标,是实现"三个全面":全面构建苏州电子政务发展新框架,全面深化苏州电子政务"三大体系",全面打造苏州"四个政府",即整体政府、服务型政府、智慧政府以及开放政府。到"十三五"期末,苏州电子政务建设与发展继续保持国内先进水平。重点任务包括:以顶层设计、治理现代化为导向,积极构建集约、整合、协同的整体政府;以互联网新思维、新技术为牵引,全面提升便捷、惠普、创新的服务型政府;以城市联动、社会协调为驱动,加快建设智能、精准、高效的智慧政府。①

(四)2016年苏州数字经济指数与其他城市对比

1. 苏州和深圳数字经济发展情况对比

之所以将视角聚焦在苏州和深圳,是因为这两个城市有着极其相似的发展过程。苏州和深圳同为江苏省和广东省人均GDP最高的城市。深圳是中国的第一个经济特区,一直处在改革开放的最前沿。而苏州的乡镇企业在20世纪80年代就是"苏南模式"的杰出代表;进入90年代开启的苏州新加坡工业园区模式更是因其特殊的管理模式成为苏州吸引外商投资的重要阵地,而苏州也从该工业园区的管理中获得技术外溢,在20世纪90年代以后成为中国吸引外商直接投资最多的城市之一。从两个城市的基本情况来看,苏州与深圳的人口体量相近,但是苏州的地理面积是深圳的四倍多(当然苏州水面面积约占半数)。苏州和深圳地区生产总值一直名列前茅,两座城市的经济实力可见一斑。

在数字经济发展的过程中,深圳起步早,根基稳固。苏州的数字经济发展速度较快,近年来在将数字经济融入第二产业的发展过程中,更是在工业4.0改造上取得了不小成绩。

2016年,对比两个城市的总指数,不难发现深圳在总指数平均得分上比苏州高20.5%。在平均月环比增速方面,苏州2016年总指数平均增速为8.15%,而深圳2016年总指数平均增速为8.05%。在增速方面,苏州微弱领先于深圳。

---

① 苏州市人民政府. 苏州市电子政务"十三五"发展规划(2016—2020年). 2017 – 3 – 2.

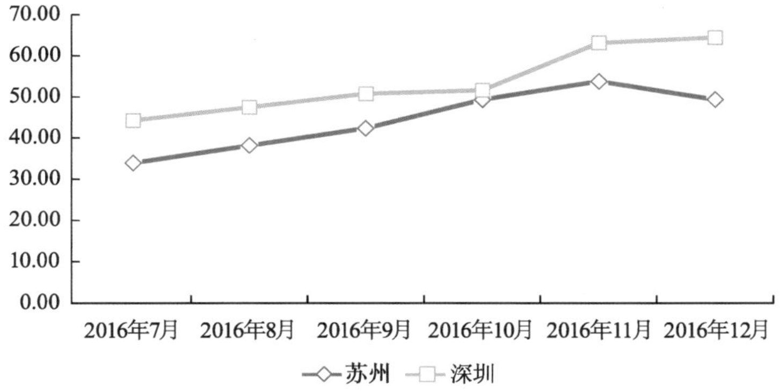

图 7-6　2016 年 7—12 月份苏州和深圳总指数对比

分指数解读发现,构成苏州和深圳总指数差异的主要原因是三个一级指标的得分差异。在发展环境分指数方面,无论是从信息化相关政策的发布,还是从知识产权以及核心政策的发布数量来看,深圳与苏州都是不相上下。在 2016 年,二者发展环境分指数得分分别为 16.10 和 16.62。

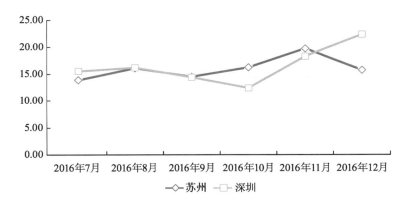

图 7-7　2016 年 7—12 月苏州和深圳发展环境分指数对比

在信息化产业发展方面,自 2016 年 8 月份以来,苏州的信息化产业发展在指数平均水平以及增速方面一直领先于深圳。二者的信息化产业分指数平均得分分别为 16.12 以及 14.78。在增速方面,苏州也高于深圳 3.65 个百分点。而苏州信息化产业分指数强于深圳的主要原因在于其 ICT 硬件制造业以及 ICT 软件服务业的发展,特别是在 ICT 软件服务业发展方面,2016 年,苏州在 ICT 软件服务业指标的平均得分上高于深圳 11.4 个百分点。在增速方面,苏州也领先于深圳 8.28 个百分点。

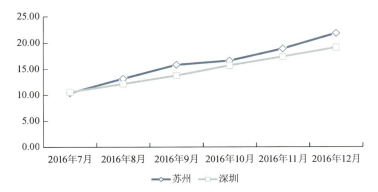

图 7-8 2016 年 7—12 月份苏州和深圳信息化产业分指数对比

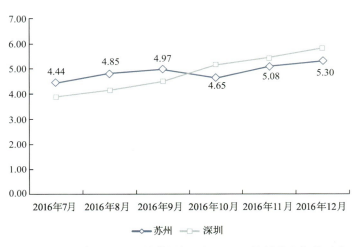

图 7-9 2016 年 7—12 月份苏州与深圳 ICT 硬件制造业指数对比

图 7-10 2016 年 7—12 月份苏州与深圳 ICT 软件服务业指数对比

在数字化融合发展方面,深圳与苏州发展趋势相近,但在绝对水平上,深圳远远高于苏州。2016年,深圳和苏州数字化融合分指数平均得分分别为22.3和12.3。在增速方面,苏州略高于深圳1.3个百分点。经分析发现,造成苏州和深圳数字化融合发展的主要差异在于两个城市数字消费和社交媒体发展的差距。具体来说,2016年深圳和苏州的数字消费水平分别为6.0和16.3,深圳是苏州的2.7倍。但在增速方面,苏州领先于深圳45.8个百分点。在社交媒体的应用和发展方面,深圳也在平均得分方面领先于苏州。苏州和深圳的社交媒体指标月均得分分别为1.4和2.3。但在增速方面,深圳落后于苏州10.0个百分点。

图7-11 2016年7—12月份苏州与深圳社交媒体指标对比

由此可以看出,2016年,造成苏州数字经济发展总指数在整体上低于深圳的主要原因在于数字经济融合分指数偏低。在更深层次上分析,是由于数字消费和社交媒体等指标偏低造成的。

2. 苏州和杭州数字经济发展情况对比

苏州和杭州同为长三角中心城市。悠久的文化历史,以及重要的经济地位导致了苏州和杭州两个城市长久以来一直被拿来比较。杭州的地理面积大于苏州,但在地区生产总值以及人口数量上都小于苏州。改革开放以来,两座城市的经济发展沿着不同的轨迹行进,苏州的经济发展始于"苏南模式",发展成熟于苏州工业园区模式,并且在招商引资的力度上强于杭州,在发展时间上也早于杭州。苏州的经济发展充满活力,政府制定的一系列招商引资优惠条件和政策的落实,也为苏州经济特别是第二产业的发展创造了良好条件。杭州的经济发展主要依托于当地民营企业的发展,近年来电子、信息等新型产业不断崛起,也带动了杭州第一、二产业的迅速发展。近些年,当地政府优惠政策吸引了大批外资及外商的投资热情。

对比两个城市总指数2016年变化规律,不难发现苏州与杭州在总指数得分方面不分伯仲,杭州比苏州略高4.9%。在平均月环比增速方面,苏州2016年总指数平均增速为8.2%,而杭州下半年总指数平均增速为5.0%。在增速方面,苏州领先杭州3.2个百分点。因此,从数字经济总指数得分上看杭州微弱领先于苏州,而在增速方面苏州微强于杭州。

图7-12　2016年7—12月份苏州和杭州总指数对比

在分指数解读上,我们发现在发展环境方面,苏州和杭州的环境发展分指数平均数值相同。在平均环比月增速方面,杭州领先于苏州6.8个百分点。通过对二级指标的深度发掘,我们发现苏州无论在知识产权还是信息化基础设施方面都领先于杭州。但是在核心政策推动方面,杭州指标得分领先于苏州。

图 7-13　2016 年 7—12 月份苏州和杭州发展环境分指数对比

在信息化产业发展方面，2016 年苏州的信息化产业的发展一直领先于杭州。二者的信息化产业分指数平均得分分别为 16.12 和 14.44。在增速方面，苏州略低于杭州 4.4 个百分点。

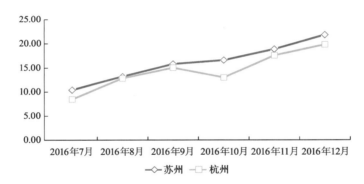

图 7-14　2016 年 7—12 月份苏州和杭州信息化产业分指数对比

在 ICT 硬件制造业指标得分方面，两座城市差距不大，苏州略低于杭州 1.5 个百分点。在月均增速方面，苏州增长平稳，低于杭州 69.5 个百分点。在 ICT 软件服务业发展方面，苏州在 ICT 软件服务业的平均得分上具有绝对优势：高于杭州 18.5 个百分点。在增速方面，苏州也领先于杭州 12.8 个百分点。

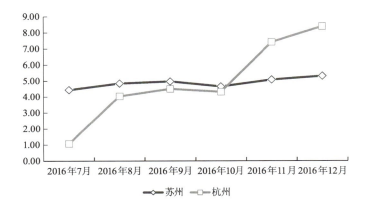

图 7-15　2016 年 7—12 月份苏州和杭州 ICT 硬件制造业指标对比

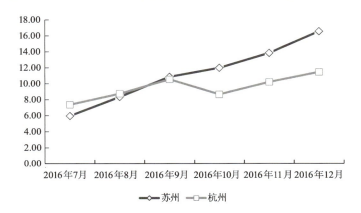

图 7-16　2016 年 7—12 月份苏州和杭州 ICT 软件服务业指标对比

在数字化融合发展方面,苏州在分指数得分上落后于杭州,但进入 2016 年 12 月后,杭州数字化融合发展分指数得分有所下降,并且被苏州赶超。苏州和杭州 2016 年指标得分的平均值分别为 12.3 和 16.3。在增速方面,苏州高于杭州 24.4 个百分点。

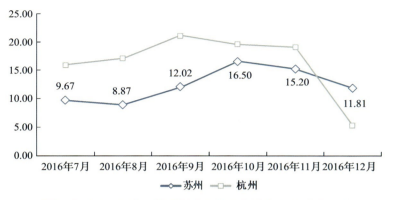

图 7-17 2016 年 7—12 月苏州与杭州数字化融合指数对比

由此可以看出，2016 年，苏州数字经济发展总指数在整体上与杭州不相伯仲，但两座城市的数字经济发展却各有千秋。苏州的信息化产业领先于杭州，特别是在 ICT 软件服务业方面。而杭州的数字化融合发展程度优于苏州，特别是在数字消费这一领域。数字消费的多少取决于两个因素——居民可支配收入的多少（人均 GDP）以及对数字消费的边际倾向。苏州的人均 GDP 水平高于杭州，理论上说应该有更多的数字消费，但我们所观察到的是相反的情况。因此，导致这一结果的重要因素可能是两座城市的数字产品边际消费倾向不同。杭州电子商务的发展迅速，也在很大程度上促进了当地的数字消费。

3. 苏州和上海数字经济指数对比

上海作为中国一线城市、国家金融中心以及长三角的核心城市，与苏州经济有着千丝万缕的联系。无论是从占地面积、GDP 总量还是经济规模和结构上看，上海和苏州都有很大差异。但正是因为在地理位置上同处长三角地带，两座城市在数字经济发展的过程中也具有一定的相关性。

2016 年，对比苏州和上海两个城市的总指数，不难发现苏州在总指数平均得分上比上海低 14.1%。在平均月环比增速方面，苏州和上海 2016 年总指数平均增速相同，均为 8%。

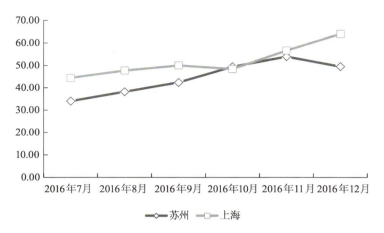

图 7-18　2016 年 7—12 月份苏州和上海总指数对比

在分指数解读上,我们发现构成苏州和上海总指数差异的主要原因是三个一级指标的得分差异。不同于杭州和深圳,我们发现上海与苏州在数字经济发展环境、信息化产业这两个方面仅存在微小差距,且苏州在这两个分指数上的得分均略高于上海。

在发展环境方面,2016 年,苏州和上海两座城市发展环境分指数平均得分分别为 16.1 和 15.6,苏州略高于上海 3.5 个百分点。但月均环比增速,苏州略低于上海 4 个百分点。

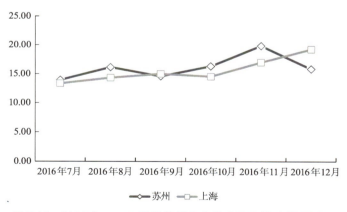

图 7-19　2016 年 7—12 月份苏州和上海发展环境分指数对比

从二级指标层次上看,在信息化基础设施方面,苏州一直领先于上海,信息化基础设施平均得分苏州高于上海 3.2 个百分点;但在核心政策推动方面,上海领先于苏州,其平均指标得分为苏州的 2 倍。

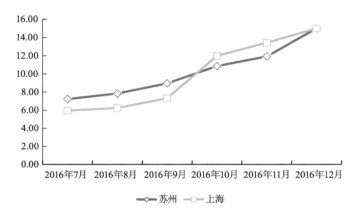

图 7-20　2016 年 7—12 月份苏州和上海信息化基础设施指标对比

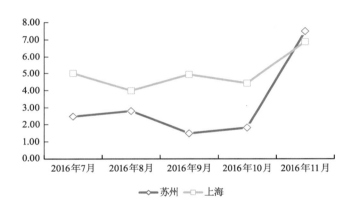

图 7-21　2016 年 7—12 月份苏州和上海核心政策推动指标对比

在信息化产业发展方面,自 2016 年 8 月份以来,苏州的信息化产业发展在平均得分以及增速方面一直领先于上海。二者的信息化产业分指数得分分别为 16.12 以及 15.18。在月均环比增速方面苏州也高于上海 7 个百分点。

图7-22　2016年7—12月份苏州和上海信息化产业分指数对比

苏州信息化产业分指数强于上海的主要原因是其ICT软件服务业的发展。2016年,苏州在ICT软件服务业指标月度平均得分上高于上海16.3个百分点。在增速方面,苏州也领先上海19个百分点。但在ICT硬件制造业方面,苏州在2016年的指标得分和环比月均增速方面都略低于上海。

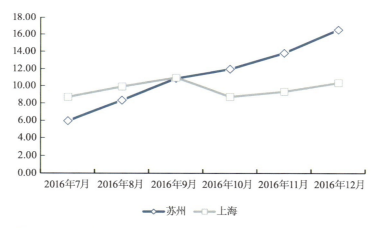

图7-23　2016年7—12月份苏州和上海ICT软件服务业指标对比

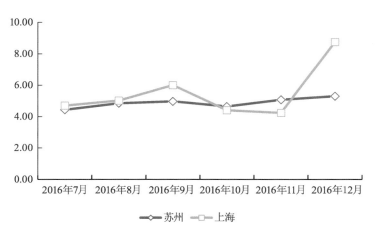

图 7-24　2016 年 7—12 月份苏州和上海 ICT 硬件制造业指标对比

在数字化融合发展方面,苏州与上海还是存在一定差距的,在绝对水平上,上海高于苏州。其下半年分指数得分的平均水平分别为 18.28 和 12.34。在环比月均增速方面,苏州略低于上海 1 个百分点。

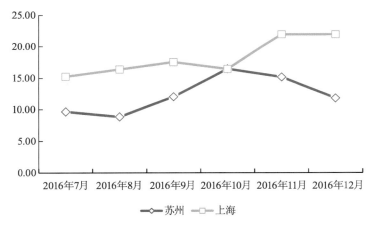

图 7-25　2016 年 7—12 月份苏州和上海数字化融合发展分指数对比

造成苏州和上海数字化融合发展的主要差异在于两个城市数字消费和电子政务的发展不均。具体来说,2016 年上海和苏州的数字消费水平分别为 6.0 和 12.7,上海高于苏州 112%。可以说在数字消费这个领域,在长三角的主要城市里面,上海是数字消费指标得分最高的城市。但在增速方面,苏州领先于上海 7 个百分点。在电子政务指标平均得分上,上海则低于苏州 18.7 个百分点。在社交媒体的应用和发展方面,苏州和上海无论从发展走势还是指标得分上都非常接近,两座城市差距微小。

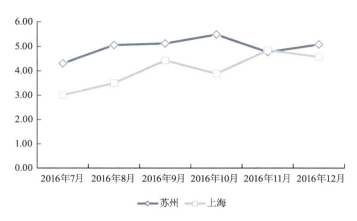

图7-26　2016年7—12月份苏州和上海电子政务指标对比

由此可以看出,2016年造成苏州数字经济发展总指数在整体上低于上海的主要原因在于数字经济融合发展的不均。在更深层次上分析,是由于苏州数字消费水平的落后。同时,由于地理位置的接近以及合理的政策和经济规划,可以发现,苏州和上海在信息化产业发展上差距不大,且苏州具有微弱优势。

4. 苏州和北京数字经济发展对比

作为国家首都,北京凭借其地位优势、要素积累优势、高端服务业优势以及国际化水平优势,已经成为全国资源配置的中心和全球资源配置的重要节点。国际资本、先进技术、高端人才的引入和内化成为北京经济发展的根本动力。北京的经济发展在规模和数量上都处于领先地位。在苏州数字经济指数的研究过程中,我们引入了北京作为其中一个对比城市,希望通过与北京的对比,深度挖掘苏州数字经济发展的潜力和优势。

对比两个城市数字经济总指数发现,2016年,苏州在总指数平均得分上低于北京18.1个百分点。在月平均环比增速方面,苏州略低于北京2个百分点。两座城市的数字经济总指数发展走势接近。

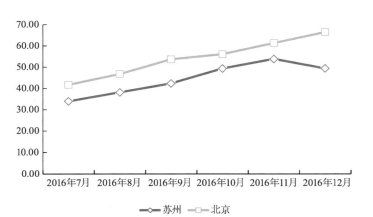

图 7-27　2016 年 7—12 月份苏州和北京总指数对比

在分指数解读上我们发现,构成苏州和北京总指数差异的主要原因是三个一级指标的得分差异。苏州在信息化产业发展方面相对北京具有一定优势,而在发展环境以及数字化融合发展方面则不及北京。

在发展环境方面,2016 年下半年,苏州和北京两座城市的数字经济发展环境分指数平均得分分别为 16.1 和 19.8。苏州低于北京 18.7 个百分点。在月均环比增速方面,苏州也低于北京 2 个百分点。

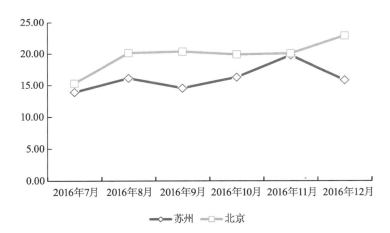

图 7-28　2016 年 7—12 月份苏州和北京发展环境分指数对比

从二级指标层次上看,在信息化基础设施指标得分方面,苏州与北京不相上下。苏州月均环比增速比北京仅高 2 个百分点,但在核心政策推动指标得分方面,苏州低于北京 55.5 个百分点。这是造成苏州信息化产业指标得分低于北京的最主要原因。

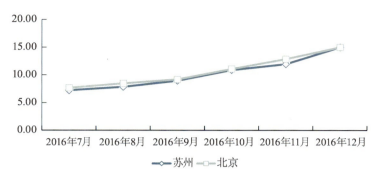

图 7-29　2016 年 7—12 月份苏州和北京信息化基础设施指标对比

在信息化产业发展方面,2016 年下半年以来,苏州信息化产业发展在得分上一直领先于北京,分别为 16.12 以及 14.44,在月均环比增速方面苏州低于北京 5 个百分点。

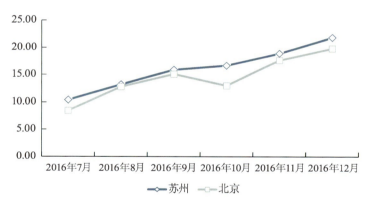

图 7-30　2016 年 7—12 月份苏州和北京信息化产业对比

苏州在信息化产业分指数中强于北京的主要原因是其 ICT 硬件制造业的发展。2016 年下半年,苏州在 ICT 硬件制造业的平均得分高于北京 0.1 个百分点。并且增长稳健,没有剧烈波动。但在 ICT 软件服务业方面,相对北京,苏州在 2016 年下半年的指标得分低于北京 10 个百分点,但其环比月均增速高于北京 8 个百分点。制造业一直是苏州的优势产业,而北京在发展战略上更多偏重发展服务业。因此,不难理解在数字经济发展领域,苏州的 ICT 硬件制造业的发展相对于北京更有优势。

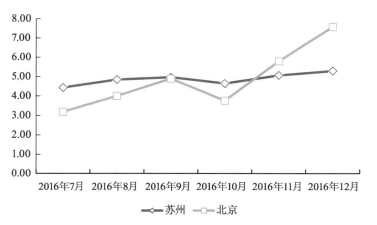

图 7-31　2016 年 7—12 月份苏州和北京 ICT 硬件制造业指标对比

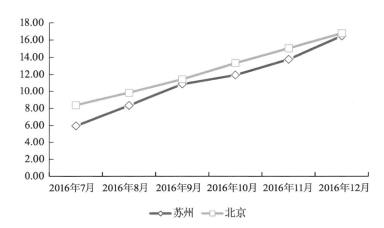

图 7-32　2016 年 7—12 月份苏州和北京 ICT 软件服务业指标对比

在数字化融合发展方面,苏州与北京存在一定的差距。在得分绝对水平上北京高于苏州。北京和苏州 2016 年分指数的平均得分分别为 22.34 和 12.34。在环比增速方面,苏州略低于北京 1 个百分点。

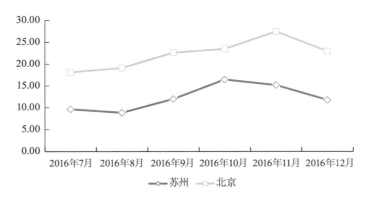

图 7-33　2016 年 7—12 月份苏州和北京数字化融合分指数对比

造成苏州和北京数字化融合发展的主要差异在于两个城市数字消费的不均。具体来说，下半年，北京和苏州的数字消费平均得分分别为 10.97 和 6.0。但在增速方面，苏州领先于北京 31 个百分点。在电子政务指标平均得分上，苏州则高于北京 19.1 个百分点。

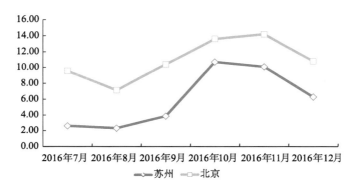

图 7-34　2016 年 7—12 月份苏州和北京数字消费指标对比

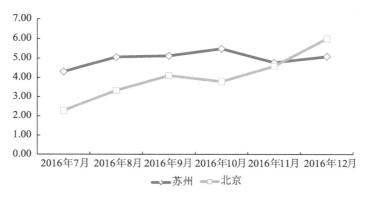

图 7-35　2016 年 7—12 月份苏州和北京电子政务指标对比

（五）2016 年苏州数字经济情况总结

（1）数字经济发展在苏州整体经济运行中起到重要作用。2016 年 7 月份以来，苏州数字经济保持高速发展态势，对宏观经济起到明显拉动作用，已成为引领新常态、壮大新经济、打造新动能的主要力量。

（2）苏州数字经济发展环境增势稳定；信息产业快速增长，结构优化明显，是数字经济增长主要引擎；数字化融合发展波动增长，正在不断缩小与经济发达的一线城市的差距，未来快速增长空间较大。苏州市数字经济发展具有可持续增长动力，为苏州市经济发展打造新引擎、发展新动能奠定坚实基础，在稳增长、调结构、促改革、惠民生等方面都将持续发挥重要作用。

（3）苏州信息基础设施指数对发展环境起主要拉动作用。苏州在推动宽带普及和移动互联覆盖等方面取得突出成绩，整体高于全国水平，发展数字经济的基础环境良好。在固定宽带和移动互联高速发展的大环境下，一线经济发达城市由于基础水平较高，出现增速放缓趋势，苏州依托其人口和政策的后发优势，已逐步释放增长潜能，在快速缩小与一线经济发达城市之间的差距。

（4）信息产业对苏州数字经济指数拉动作用明显高于其他两个一级指标，是苏州数字经济发展的主要增长极。信息产业的高速发展对苏州市加快云计算、大数据、人工智能等技术推进起到有力支撑。

（5）随着网络消费和网络服务等新模式和新业态的不断涌现，持续激发苏州居民潜在消费需求，有效促进服务业结构调整和资源优化配置。分享经济在汽车、餐饮、旅游、医疗、家政等生活服务领域的展开，极大地促进了苏州居民对于主流社交和生活类 APP 的使用，第三方支付比重不断提高，有效推动了苏州数字化融合发展。

（6）随着电子政务内外建设的稳步推进，在线办公数量和信息公开数量不断增长，在线政府已成为苏州各级政府平稳运转和高效履职不可或缺的有效手段。苏州在推进电子政务方面的效果好于部分经济发达的一线城市。

二、2017年苏州数字经济运行情况

（一）2017年苏州数字经济指数发展趋势

从指数结果看，2017年1—6月份苏州和全国数字经济较好地延续了2016年的发展趋势，均呈不同程度上涨态势。2017年1月份，苏州数字经济指数为43.49，2—3月份略微下降，4月份起又逐步回升，6月份达上半年最高值46.72。2017年1—6月份整体呈稳定上涨态势，累计增长3.23。

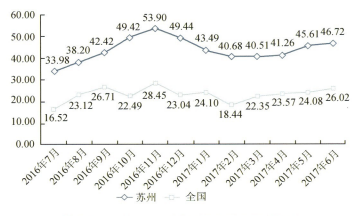

图7-36　2016—2017年数字经济总指数对比

从全国数字经济指数走势看，2017年1月份数字经济指数为24.10，低于苏州19.39，2—6月份逐渐平稳上涨，其中6月份同样达到下半年最高值26.02，低于苏州20.7，与年初相比，较苏州距离有所拉大。全国数字经济指数1—6月份整体呈波动上涨态势，累计增长1.92，低于苏州1.31。

从数字经济整体运行情况看，2017年苏州与全国整体运行走势仍然保持一致，且较好地延续了2016年的发展态势。其中全国表现仍整体低于苏州，2017年2月份整体趋势下降较为明显。从增速和发展趋势稳定性来看，苏州数字经济发展情况仍高于全国平均水平，年中较年初差距有所拉大，但差距明显低于上期水平，这表明无论全国还是苏州，在经历了2016年的快速发展后，已开始逐步趋于理性和稳定的发展与增长。

苏州数字经济指数领先于全国主要得益于苏州市政府对于地区经济的合理规划以及政策落实。具体来讲，对于信息服务领域的税收优惠政策很大程度上增

加了信息化产业的盈利空间,有效鼓励了企业的研发和创新。此外,苏州市政府制定和落实的一系列对于企业知识产权的保护措施以及对研发过程及培训费用的补贴,为苏州打造了一个自上而下良好循环的经济模式。上述因素造成了苏州数字经济指数一直领先于全国指数。也可以大胆地预期,伴随着政府良好企业生存发展环境的营造和当地信息化产业的高速发展,以及数字化在消费生活领域的融合发展,未来苏州数字经济指数将会持续稳健增长,并且领先于全国平均水平。

(二) 2017年苏州数字经济指数分析

2017年,苏州数字经济总指数呈平稳发展和缓慢上涨态势。自2016年7月份至12月份呈逐步上升趋势。1月份,苏州数字经济指数为43.49;2—3月份略微下降,4月份起又逐步回升,6月份为上半年最高值46.72;上半年累计增长3.23。整体来看,2017年1—6月份苏州数字经济指数环比月均增速为1.6%,较苏州全部工业总产值高0.4个百分点,较苏州制造业新兴产值高了0.02个百分点。

数据显示,2017年苏州数字经济的增速发展与工业的增速发展不相伯仲。自2010年以来,苏州政府一直注重工业转型,向"高轻快"发展。经过多年努力,苏州工业转型取得积极成效,增长速度稳定。而数字经济作为新兴产业,处在动态上升期的发展阶段,增速波动较大,但仍可以看出,数字经济的快速发展已经对苏州经济有明显的拉动作用。预计在未来,工业和信息化产业也将成为拉动苏州经济发展的两驾重要马车。

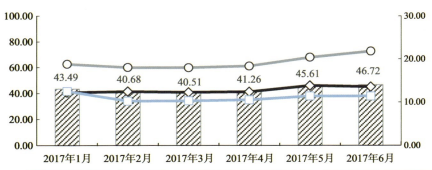

图7-37 2017年1—6月份苏州数字经济总指数

从数字经济指数结构看,构成苏州数字经济指数的三个一级指标中,发展环境和信息产业在2017年均呈不同程度的略涨态势,1—6月份环比累计增长11个百分点和16个百分点。信息产业对于总指数增长拉动贡献为93.2%,上半年月均增速3.2%,仍为对苏州数字经济贡献最大的影响因素,且拉动作用明显高于2016年。数字化融合发展走势相对平稳,6月份较1月份略降1.1,在苏州数字经济发展中仍处于较弱水平,但整体好于2016年,未来仍有上升潜力。

发展环境分指数和数字化融合发展分指数均呈平稳波动,其中发展环境分指数1月份得分为12.2,5月份上涨为上半年最高值13.82,6月份小幅回落为13.53,下半年月均增速2.2%。数字化融合发展分指数1月份为12.49,2月份降为上半年最低值10.23,后3—5月份缓慢上涨至11.4,6月份微降0.01。

指数结果表明,信息产业在苏州数字经济发展中的核心推动作用不断加强,作为苏州数字经济增长极的效果不断凸显。从构成信息产业的两个二级指标走势看,ICT硬件产品制造业与ICT软件和信息服务业指数均呈上涨态势,并且对于信息化产业持续增长的贡献平分秋色,其月度平均环比增速分别为3.1%和3.5%。ICT硬件产品制造业以及ICT软件和信息服务业的增长也成为拉动苏州数字经济指数稳健增长的主力军。

(三) 2017年苏州数字经济分指数运行情况

1. 发展环境分指数

从构成发展环境的三个指标走势来看,延续了2016年的发展趋势。进入2017年,苏州信息基础设施指标得分继续领先于知识产权和核心政策推动两个二级指标得分,对于一级指标发展环境起明显拉动作用。就三个分指标月均环比增速来看,知识产权(4.1%)高于信息基础设施(2.6%)和核心政策推动(0.8%)。这表明苏州网络基础设施建设发展较快,移动互联网覆盖率高,发展数字经济基础环境良好。同时,科技论文及科技专利产出数量增加显著。

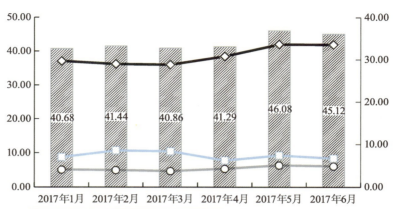

图 7-38　2017 年 1-6 月苏州发展环境分指数

	2017年1月	2017年2月	2017年3月	2017年4月	2017年5月	2017年6月
发展环境	40.68	41.44	40.86	41.29	46.08	45.12
信息基础设施	29.65	28.95	28.80	30.78	33.63	33.56
知识产权	4.07	3.96	3.73	4.29	5.07	4.87
核心政策推动	6.96	8.53	8.33	6.22	7.38	6.68

2. 信息化产业分指数

2017 年苏州信息化产业分指数累计增长 7.54。从构成信息化产业的两个指标走势看,ICT 硬件产品制造业与 ICT 软件和信息服务业均呈缓慢上涨态势,对信息化产业增长拉动贡献分别为 52.5% 和 47.5%。

从增长趋势上看,相比 2016 年 ICT 软件服务业的迅猛增长,进入 2017 年以来,ICT 硬件制造业和 ICT 软件信息服务业增速放缓,呈现稳健增长态势且没有较大波动。

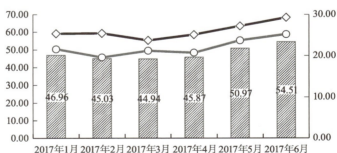

	2017年1月	2017年2月	2017年3月	2017年4月	2017年5月	2017年6月
信息化产业	46.96	45.03	44.94	45.87	50.97	54.51
ICT硬件产品制造业	25.34	25.42	23.72	25.11	27.23	29.30
ICT软件和信息服务业	21.62	19.61	21.22	20.76	23.74	25.21

图 7-39　2017 年 1-6 月苏州信息化产业分指数

3. 数字化融合分指数

从构成数字化融合的三个指标月度走势看,进入2017年,数字消费、社交媒体以及电子政务的发展趋势较为平缓,增长速度稳健。其月度平均值分别为21.06、1.66和14.1。可以看出,数字消费指标得分在三个指标中遥遥领先。说明2017年苏州数字消费承续了2016年的发展优势且发展势头良好。在月均环比增速方面,数字消费月均增速为1.8%。而电子政务和社交媒体均出现回落,增速分别为 -5.3% 和 -7.8%。

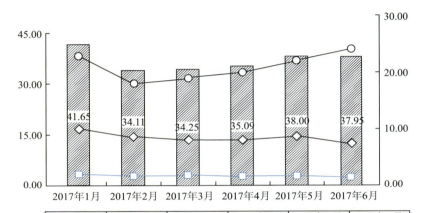

	2017年1月	2017年2月	2017年3月	2017年4月	2017年5月	2017年6月
数字化融合发展	41.65	34.11	34.25	35.09	38.00	37.95
电子政务	16.69	14.30	13.41	13.34	14.40	12.49
数字消费	22.97	18.11	19.05	20.19	21.94	24.19
社交媒体	1.98	1.70	1.80	1.57	1.66	1.27

图 7-40　2017 年 1-6 月苏州数字化融合发展分指数

(四) 2017 年苏州数字经济指数与其他城市对比

1. 苏州和深圳数字经济指数对比

2017年苏州和深圳两个城市的数字经济总指数变化总体趋势均较为平缓,从波动幅度看变化不大。2017年从总指数的平均水平来看,深圳在总指数平均得分方面比苏州高39.4%。在平均增速方面,苏州领先深圳2.2个百分点。因此,对比两个城市2017年与2016年的发展不难发现,在数字经济总指数方面,深圳领先于苏州,且二者差距有所增加。在月平均环比增速方面,苏州领先于深圳,且增幅差距(苏州对比深圳)比2016年有显著提高。这说明在过去的一年里,苏州在数字经济总体发展方面,虽然略逊于深圳,但是正在以较大的步幅追赶。

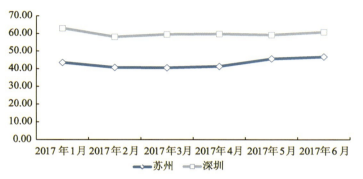

图 7-41　2017 年 1—6 月份苏州和深圳总指数对比

在发展环境分指数的对比上,2017 年苏州和深圳发展环境分指数分别为 12.8 和 22.6,深圳比苏州高 76.6%。而在平均月环比增速方面,苏州领先于深圳 3 个百分点。对比 2016 年,2017 年苏州环境发展分指数有所回落,同比下降 20.8%,而深圳在 2017 年环境发展分指数上有所提升,同比增长 35.9%。这"一升一降"造成了苏州 2017 年在发展环境分指数方面暂时落后于深圳。

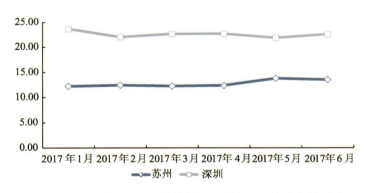

图 7-42　2017 年 1—6 月份苏州和深圳发展环境分指数对比

在信息化产业方面,2017 年苏州的信息化产业发展在平均得分以及增速方面与深圳不相上下,且保持有微弱优势。二者的信息化产业分指数平均得分分别为 19.22 以及 19.20。在增速方面,苏州也高于深圳 0.1 个百分点。从 ICT 硬件制造业以及 ICT 软件服务业的发展来看,苏州巩固了其信息化产业的发展优势。

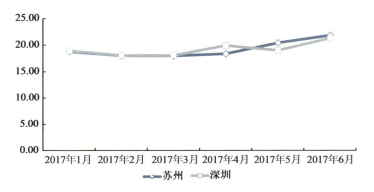

图 7-43　2017 年 1—6 月份苏州和深圳信息化产业分指数对比

在数字化融合发展方面,2017 年深圳与苏州发展走势接近,但在绝对水平上,深圳高于苏州。其分指数得分的平均值分别为 18.24 和 11.05。在增速方面,深圳也略高于苏州 0.65 个百分点。对比 2016 年,两座城市在数字化融合发展方面依然存在差距,但伴随着人均 GDP 的增长以及大众对数字化消费认知的逐步提高和普及,未来苏州在数字化融合发展方面与深圳的距离会逐步缩小。

图 7-44　2017 年 1—6 月苏州与深圳数字化融合指数对比

2. 苏州和杭州数字经济指数对比

2017 年苏州和杭州两个城市的数字经济总指数变化大致延续了 2016 年的趋势。2017 年上半年从总指数的平均水平来看,杭州在总指数平均得分方面比苏州高6.3%。同时在平均增速方面,杭州以微弱优势领先于苏州1.4个百分点。

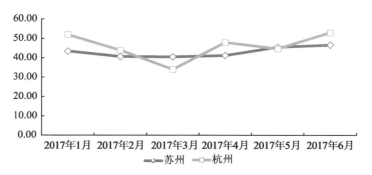

图7-45　2017年1—6月份苏州和杭州总指数对比

在分指数解读上,我们发现,苏州和杭州的环境发展分指数得分差距不大,分别为12.8和14.0。在平均环比月增速方面,杭州领先苏州2.7个百分点。

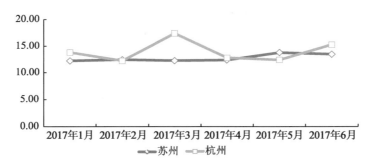

图7-46　2017年1—6月份苏州和杭州发展环境分指数对比

通过对二级指标的深度发掘,我们发现苏州在核心政策推动方面占有绝对优势,其月度指标平均得分高于杭州17.2个百分点。而杭州则在知识产权保护方面强于苏州,苏州的指标平均得分低于杭州15.4个百分点。在信息基础设施建设方面,两个城市并没有显著差距。

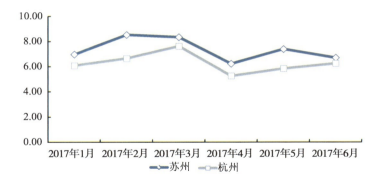

图 7-47　2017 年 1—6 月份苏州和杭州核心政策推动指标对比

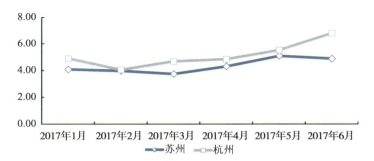

图 7-48　2017 年 1—6 月份苏州和杭州知识产权指标对比

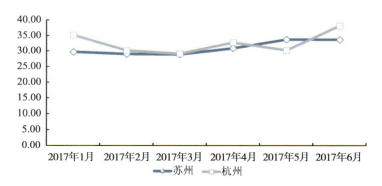

图 7-49　2017 年 1—6 月份苏州和杭州信息基础设施指标对比

值得注意的是,在 ICT 硬件制造业方面,苏州的得分高于杭州 7.3%,但在平均月度环比增幅方面低于杭州 1.2 个百分点。在 ICT 软件和信息服务业发展方面,2017 年杭州的得分高于苏州 8.9 个百分点,在增速方面,苏州领先杭州 1 个百分点。

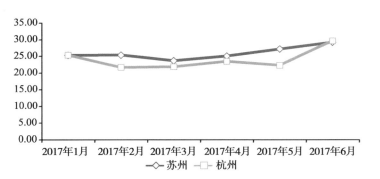

图 7-50　2017 年 1—6 月份苏州和杭州 ICT 硬件制造业指标对比

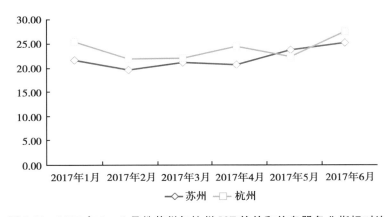

图 7-51　2017 年 1—6 月份苏州与杭州 ICT 软件和信息服务业指标对比

在数字化融合发展方面,除 2017 年 3 月份外,苏州在月度得分上均落后于杭州。苏州和杭州分指数得分的平均值分别为 11.05 和 14.41。在平均增速方面,苏州低于杭州 3.8 个百分点。

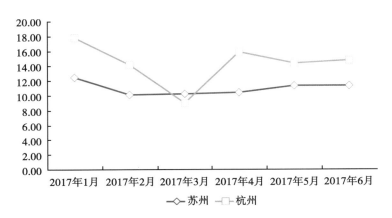

图 7-52　2017 年 1—6 月份苏州和杭州数字化融合发展分指数对比

造成杭州数字化融合发展分指数领先于苏州的主要因素是数字消费以及社交媒体活跃度的差异。特别是数字消费指标,杭州的得分是苏州的1.9倍。而在社交媒体得分方面,苏州落后于杭州12.8个百分点。在电子政务方面,苏州的平均得分明显优于杭州,这说明相对于杭州,苏州在政府信息公开以及在线办公数量方面具有显著优势。

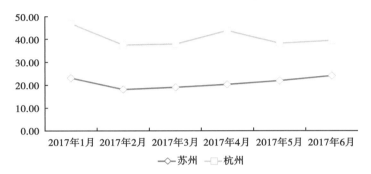

图7-53　2017年1—6月份苏州和杭州数字消费指数对比

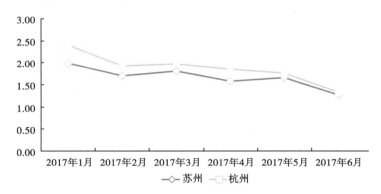

图7-54　2017年1—6月份苏州和杭州社交媒体指数对比

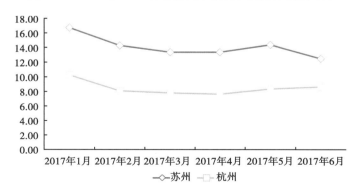

图7-55　2017年1—6月份苏州和杭州电子政务指数对比

综上所述,从 2016 年到 2017 年,相对于杭州,苏州数字经济在信息产业化方面始终具有领先优势,这与苏州制造业坚实的基础以及数字化融合的良性发展不无关系。但在数字融合,特别是数字消费这方面,苏州与杭州还存在一定差距。

3. 苏州和上海数字经济指数对比

2017 年,苏州和上海两个城市的数字经济总指数变化趋势均较为平缓,从波动幅度看变化不大。从总指数的平均水平来看,上海在总指数平均得分方面比苏州高 24.9%。在月平均增速方面,上海领先苏州 1.7 个百分点。对比两个城市 2016 年到 2017 年的发展,不难发现,在数字经济总指数方面,上海一直领先于苏州,且二者差距有所增加。在月平均环比增速方面,上海也同样领先于苏州,且差距相比 2016 年下半年有所增加。对比 2016 年,2017 年苏州在总指数得分上,同比下降 3.4%,而上海在 2017 年上半年同比增长 10.4%。同比变化的不同导致了苏州 2017 年上半年在数字经济发展方面与上海的差距有所增加。

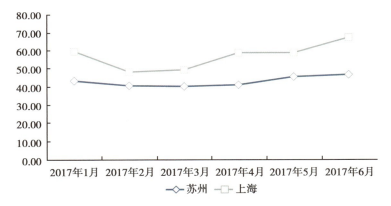

图 7-56 2017 年 1—6 月份苏州和上海总指数对比

在发展环境分指数的对比上,2017 年苏州和上海发展环境分指数得分分别为 12.8 和 21.5,苏州比上海低 40.1%。而在平均月环比增速方面,苏州低于上海 0.9 个百分点。

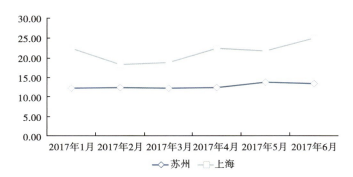

图 7-57　2017 年 1—6 月份苏州和上海发展环境分指数对比

在分指标的解读中,我们发现进入 2017 年,苏州的信息化基础设施得分略低于上海 6.9 个百分点,但增长稳健,波动幅度小于上海。在知识产权指标得分上,苏州低于上海 68.2%。在核心政策推动方面,苏州低于上海 70%。在月均环比增速方面,苏州也略低于上海。由此可见,知识产权以及核心政策推动的差异是造成苏州和上海 2017 年发展环境差异的最直接原因。

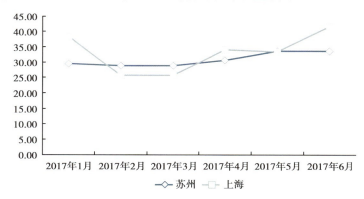

图 7-58　2017 年 1—6 月份苏州和上海信息基础设施指数对比

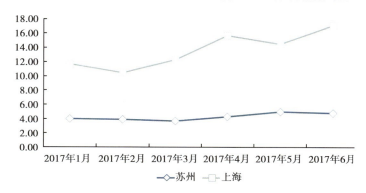

图 7-59　2017 年 1—6 月份苏州和上海知识产权指数对比

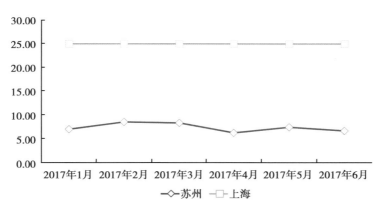

图 7-60　2017 年 1—6 月份苏州和上海核心政策推动指数对比

在信息化产业分指数的解读中,2017 年苏州信息化产业的发展相对于上海保持有微弱优势,其得分平均值高于上海 4.4 个百分点。二者的信息化产业分指数得分分别为 19.2 以及 18.4。在增速方面,苏州也高于上海 3.9 个百分点。

在 ICT 硬件制造业方面,2017 年苏州的月度指标得分均高于上海,且月均指标高于上海 19.7%。在 ICT 软件和信息服务业方面,上半年苏州月均指标得分低于上海 9.3 个百分点。

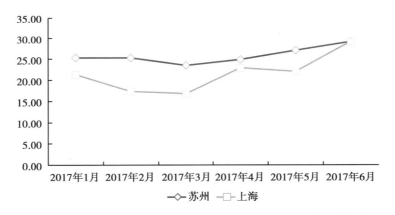

图 7-61　2017 年 1—6 月份苏州和上海 ICT 硬件产品制造业指数对比

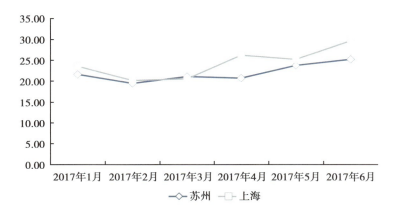

图 7-62　2017 年 1—6 月份苏州和上海 ICT 软件和信息服务业指数对比

数字化融合发展方面,2017 年苏州与上海在得分的平均水平上有一定的差距。苏州和上海上半年分指数的得分均值分别为 11.05 和 17.34。在增速方面,苏州有轻微下行趋势,且低于上海 1.6 个百分点。

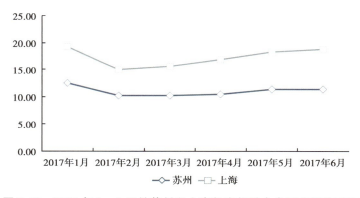

图 7-63　2017 年 1—6 月份苏州和上海数字化融合发展分指数对比

通过对分指数解读不难发现,在电子政务方面苏州与上海的发展不相上下,且均有轻微下行趋势,苏州比上海的指标平均得分低 0.9%。就数字消费领域而言,上海依然保持着对苏州的优势,在指标平均得分上,苏州低于上海 45.2 个百分点。在社交媒体指标的比较中,苏州低于上海 67.5%。这些影响因素使得进入 2017 年后,两座城市在数字化融合发展方面的差距加大。

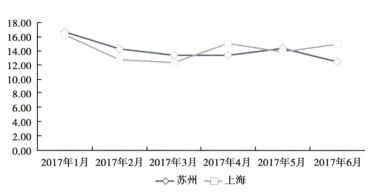

图 7-64　2017 年 1—6 月份苏州和上海电子政务指数对比

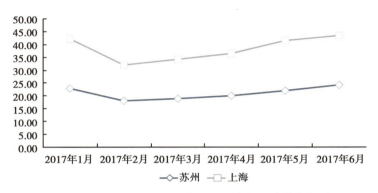

图 7-65　2017 年 1—6 月份苏州和上海数字消费指数对比

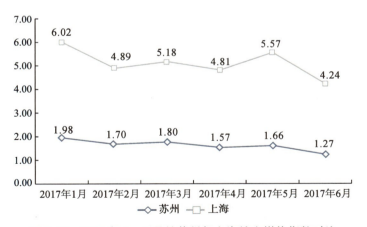

图 7-66　2017 年 1—6 月份苏州与上海社交媒体指数对比

5. 苏州和北京数字经济指数对比

2017 年苏州和北京两个城市的数字经济总指数变化总体趋势均较为平缓，从波动幅度看变化不大。2017 年上半年，苏州在总指数平均得分方面比北京低

33.9%。在增速方面,两个城市月平均增速相差微弱,苏州领先北京 0.1 个百分点。因此,对比两个城市 2017 年与 2016 年的发展不难发现,在数字经济总指数方面,北京一直领先于苏州,且二者差距有所增加。对比 2016 年下半年,2017 年上半年苏州在总指数得分上,同比下降 3.4%,而北京同比增长 19.7%。这是造成苏州 2017 年数字经济发展与北京差距加大的直接原因。

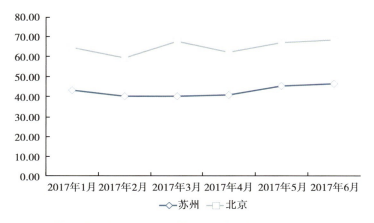

图 7-67 2017 年 1—6 月份苏州和北京总指数对比

在发展环境分指数的对比上,2017 年苏州和北京发展环境分指数得分均值分别为 12.8 和 23.7,苏州比北京低 46.1%。而在平均月环比增速方面,苏州高于北京 4 个百分点。

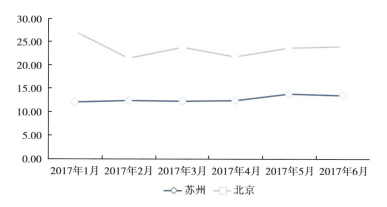

图 7-68 2017 年 1—6 月份苏州和北京发展环境分指数对比

在分指标的解读中,我们发现进入 2017 年,苏州在信息化基础设施、知识产权以及核心政策推动三个方面均不及北京。在信息化基础设施指标得分上,苏州的指标得分低于北京 14.5%，在核心政策推动方面低于北京 55.9%。

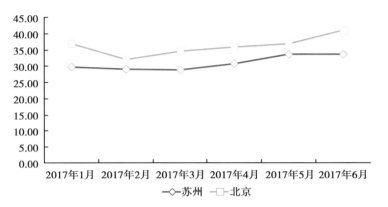

图 7-69　2017 年 1—6 月份苏州和北京信息基础设施指数对比

图 7-70　2017 年 1—6 月份苏州与北京核心政策推动指数对比

在对信息化产业分指数的解读中，2017 年，苏州得分略低于北京 2.9%。二者的信息产业化分指数平均水平分别为 19.2 以及 19.8。在增速方面，苏州低于北京 5.4 个百分点。这说明综合一年的考量，尽管苏州的信息化产业的发展整体稳步增长，其同比增速为19.2%，但由于自 2017 年上半年以来，北京在信息化产业的发展方面增长速度更快，其同比增速为 37.2%，导致了苏州在信息化产业指标得分上略低于北京。

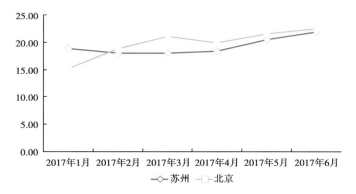

图 7-71　2017 年 1—6 月份苏州和北京信息化产业分指数对比

具体来看,2017 年苏州在 ICT 硬件制造业方面增速明显,其指标平均得分高于北京 5.8 个百分点。在 ICT 软件和信息服务业方面,2017 年北京的指标得分高于苏州 18.5%。ICT 软件和信息服务业方面的差距,也成为苏州在信息化产业指标方面微弱落后于北京的主要原因。

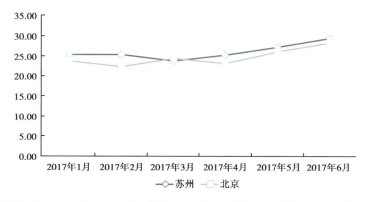

图 7-72　2017 年 1—6 月份苏州和北京 ICT 硬件产品制造业指数对比

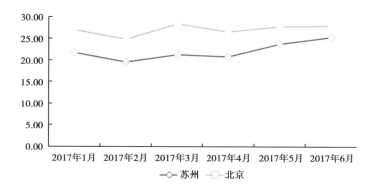

图 7-73　2017 年 1—6 月份苏州和北京 ICT 软件和信息服务业指数对比

在数字化融合发展方面,2017 年苏州与北京在得分上存在一定的差距。苏州和北京上半年分指数的平均值分别为 11.1 和 21.7,苏州在得分方面低于北京 49 个百分点。在增速方面,苏州有轻微下行趋势,且低于北京 1.9 个百分点。

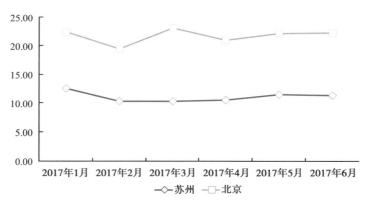

图 7-74　2017 年 1—6 月份苏州和北京数字化融合发展指数对比

在对比两个城市分指标的变化中,特别是在数字消费这个层面上北京月度指标得分均高于苏州。从指标得分看,苏州低于北京 57.1 个百分点,导致了苏州在数字经济融合发展中与北京相比暂时落后。

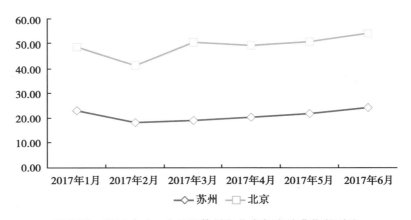

图 7-75　2017 年 1—6 月份苏州和北京数字消费指数对比

（五）2017 年苏州数字经济情况总结

（1）数字经济发展在苏州整体经济运行中起到重要作用。自 2017 年 1 月份以来,苏州数字经济保持稳健增长,其增长速度微弱领先于工业总产值增速以及制造业新兴产业产值增速,为苏州经济多元化发展注入生机。

（2）苏州数字经济发展环境增势稳定；信息产业快速增长，是数字经济增长主要引擎。对比同样以信息服务产业作为支柱型产业的深圳，苏州在信息化产业发展方面比肩深圳，且发展势头强劲，发展稳定。在苏州市政府营造的良好发展环境下，相信未来苏州一定会诞生一批本土信息化高科技领军企业，带动苏州数字经济的发展，打破苏州"有高原无高峰"的困境。

（3）纵向对比2016年苏州数字经济指数不难发现，不同于2016年下半年的高速增长，进入2017年后，苏州数字经济发展变化呈现两个基本特征：① 增速放缓；② 波动变小。这两个特征显示出苏州数字经济呈现出一种稳健增长的趋势。可以从以下两个方面来解读，第一，周期性波动。数字经济指数的一个较为显著的特征就是具有周期性波动。通常情况下，下半年指数的变化及增速都要明显高于上半年，受中国传统假期以及税务结算等因素的影响，构建数字经济指数的分指标包括企业研发利润比、产值比以及核心政策发布数量等数值都会较上半年有所减少。第二，阶梯式发展。数字经济指数的高低不仅取决于构建指数的分指标的高低，其长期走势更取决于分指标之间的相互作用以及渗透融合。举例来说，从政策的制定、数字环境的改变，到政策落实助力于信息化产业发展有一定的"时差"。处在动态变化中的数字经济指数因此也会呈现类似于阶梯状变化，甚至会出现短期回落。

（4）横向对比北京、上海、深圳以及杭州，苏州2017年上半年数字经济的发展相对稳健。在绝对规模上，苏州数字经济的发展和规模与杭州更为接近，低于一线城市北京、上海和深圳。但在累计增长以及环比增速方面，苏州数字经济与深圳的发展变化非常接近。这说明尽管苏州数字经济的发展在起步时间、规模上与北京、上海和深圳有一定的差距，但是从长期发展趋势来看，苏州数字经济具有强劲发展势头，潜力巨大。

三、2016—2017年苏州数字经济发展特点

自2016年到2017年，对比北京、上海、深圳以及杭州等城市的数字经济发展，不难发现，苏州数字经济的发展呈良性发展态势，且具有自己的特点。

（一）苏州信息化产业发展遥遥领先

通过对比发现，苏州的信息化产业发展独树一帜。无论是ICT硬件产品制

造业的发展,还是软件和信息服务业的发展相比其他城市都具有明显优势。

(二) 苏州数字经济发展环境与杭州接近

从数字经济的发展环境来看,苏州与杭州的发展更为接近。而北京、上海和深圳作为国家一线城市,其信息化基础建设、知识产权的保护以及核心政策发布数量均领先于苏州。

(三) 苏州数字消费有待进一步提升

从数字化融合发展层面上看,苏州暂时落后于北京、上海、深圳和杭州。这主要是由于苏州较低的数字消费。如前文所述,数字消费的多少取决于居民可支配收入的多少(或人均GDP)以及对数字消费的边际倾向,且二者皆具有正效应:人均GDP越高,数字消费越高;数字消费边际倾向越大,数字消费越高。苏州在人均GDP的排序中仅次于深圳,因此,在保持数字边际消费倾向不变的情况下,苏州的数字消费应该处于领先水平。然而事实却相反,苏州的数字消费明显落后于其他城市。因此可以推断,苏州在数字消费方面暂时落后的主要原因是由于苏州偏低的数字边际消费倾向造成的。数字边际消费倾向的大小,除了受教育水平高低影响外,也会受文化习俗的影响。随着时间的演变,在数字消费真正普及后,相信苏州的数字消费指标会有显著提升,届时,数字经济指数也会得到相应提升。

第八章
未来发展建议

一、关于中国迎接数字经济挑战的建议

(一) 积极应对数字鸿沟

在网络基础设施接入的层面,从数量上看,中国互联网用户、宽带接入用户规模居全球第一;从比率上看,中国互联网普及率刚刚过半,提升空间巨大。其中,发展区域结构不平衡是最为突出的问题。虽然中国4G网络和光纤宽带的覆盖范围在不断扩大,但大多集中于一、二线城市,一些偏远地区及乡镇农村居民仍面临着网络普及率低、接入费用高的问题。因此,提升乡镇农村以及偏远地区的网络基础设施及服务,降低互联网及移动互联网使用费用是消弭数字鸿沟的第一步。

此外,由于地理环境等原因限制,中国仍有部分地区,包括沙漠、牧区、偏远农村等,难以连接到光纤网络以及移动基站,为了解决这个问题,中国积极跟进全球卫星互联网计划,并于2017年4月发射了中国首颗宽带卫星。

在数字素养层面,政府与各方合作推进数字化基础教育、鼓励成人数字教育平台发展是提升居民整体数字素养的有效办法。普及数字教育是应对数字化发展对社会结构以及贫富差距影响的根本手段。针对中小学生,应普遍开设网络和计算机课程,设置与时俱进的数字化课程,全面普及数字教育。针对高等教育人才,需加大培养力度,优化课程设置,对高科技人才进行重点培养。针对社会人士以及下岗失业人员,提供数字技能进修平台和专项技能培训,并提供政

策支持帮助其再就业。

(二) 加强核心技术研发

核心技术是造成国家之间数字鸿沟的根本原因，它直接决定了一个国家在全球数字经济发展中所处的地位。此外，包括大数据、云计算、人工智能等在内的高新科技及信息技术，在发展国家经济、巩固国家安全、提高国民生活质量等方面具有重要战略价值。因此，加大核心技术的研发与投入十分迫切，不仅需要在研发机构和人才培养方面加大资金投入与政策支持，同时也需要提供良好的制度保障，为企业及个人构建和谐的发展环境。

(三) 加快法律法规建设

数字经济的发展在一定程度上改变了原有社会的发展机制，因此，中国一些现有的法律法规与飞速发展的数字经济产生了一定的差距。法律法规的滞后是中国成为数字强国之路的一大阻碍，不仅不利于数字经济的发展，而且一些新催生的产业及其就业者的权益也无法保障。因此，应推进法律法规的升级与完善，保障数字经济下的生产者及消费者双方的利益，同时也为数字经济的发展创造空间。从生产者的角度出发，要制定数字产权、数字知识产权、数字税收等法律；从消费者的角度出发，数字产品的消费权益、数字消费权益等需要相关法律保障；从数字经济的发展角度出发，一方面需要制定适应数字经济发展需要的国际贸易、投资、司法等规则，另一方面需要制定数字产品质量标准、交易规范以及权限界定等规定。

(四) 强化网络信息安全

网络安全是建设网络强国需解决的首要问题。因此，各级政府需双管齐下，一方面发布相关政策法规、规范数据信息的发布与使用；另一方面加强技术投入，全面提升数字安全保障能力。其中，提高网络安全技术能力是重中之重。无论是维护企业数据库和信息网络系统安全，防止信用卡诈骗、更改金融凭证、用户信息窃取，或是防止网络盗窃、知识产权窃取、洗钱等一系列网络犯罪的发生，建立安全可靠的服务器、提高数据存储设备的可靠性、研发高性能网络安全设备都是工作的核心重点。因此，政府需加大对网络安全研发机构的资金及政策支持，并加大网络安全相关人才培养的投入，加强数据防伪、信息加密、电子认证、隐私保护等各方面软硬件的开发及应用。与此同时,提高全民网络安全意识也不容忽视,需加强中小学生对相关知识的学习,以及针对社会各群体的广泛宣传及科普教育。

(五)提高两化融合程度

数字经济是国家经济发展的战略举措和重点方向,大力发展数字经济必将对现有产业结构产生影响。而当第三产业份额逐步增加,甚至一跃成为主要的经济支柱时,国家的数字化程度将进入一个新的阶段。因此调整产业结构,全面提高信息化程度是发展数字经济的核心。数字化产业具有知识密集性、高渗透性、高增值性以及灵活性,这些特性赋予数字化产业无与伦比的经济优势。它不仅能够推动传统产业的生产过程向数字化升级,更在原有贸易市场上开辟了新空间。

因此,在数字化建设已经成为国家战略发展方向的今天,各级政府需优先发展信息技术和信息产业,为产业结构升级提供技术保障;依据国内外市场制定政策,促进数字经济发展及产业结构升级,推动数字化程度向先进国家靠拢。

(六)努力研究相关标准

建立系统化的数据管理规范是提高数据质量、提升资源利用效率、扩大数据使用范围、保障各方权益的必要举措。数据开发利用的各个环节都需要相关规定,包括数据归属权、数据生产规范、数据开放规则、数据使用标准、数据交易规范、数据使用权限以及数据安全保护等。国家和企业应分别从战略角度制定数据规范体系,协作推动数据开放、提升数据质量和利用效率。

二、苏州未来如何发展数字经济

通过分析国际和国内数字经济发展的理论和实际战略与经验,结合苏州数字经济指数的测算结果来看,苏州要发展数字经济,并将其作为未来经济发展的新引擎,需配合国家相关政策,制定符合苏州本地情况的特色数字经济发展策略。

计算结果表明,苏州信息化产业表现突出,其中ICT软件和信息服务业增势明显。相比之下,数字化融合表现相对较弱,其中数字消费提升空间较大。因此,苏州发展数字经济需扬长补短,依靠苏州发达的工业基础为支撑,积极推动智能制造,发展人工智能,全面提升生产效率和产品品质;大力推进数字消费,鼓励移动支付代替现金支付,推动共享经济模式。详细建议如下:

(一) 大力推进智能制造加速产业转型升级

信息化产业在苏州数字经济指数中表现最为突出,但是ICT硬件产品制造业发展却不明显。目前,苏州已基本形成了包含智能设计、智能生产等多个环节的智能工业体系,在产业集聚、规模扩大、技术攻坚方面均有所进展。据统计,全市工业企业中开展智能设计覆盖面为26%、智能生产为41%、智能装备(产品)为42%、智能管理超过85%。

但现阶段苏州智能制造的发展仍面临很多问题。第一,智能制造在苏州工业集中度较高的领域,尤其是在原材料为代表的流程型行业发展较为迅速,但在离散型行业尚未普遍建成以供应链为主线的智能管理体系,智能工艺规划和智能在线检测方面存在问题居多。第二,苏州在智能制造基础共性技术方面的总体研究能力普遍落后于国内国际先进城市水平。第三,智能制造应用的关键核心技术和关键部件仍以进口产品为主,对外依存度较高。有些企业在智能设计环节使用的图形化建模与仿真技术、智能工艺规划技术基本被国外技术或产品垄断。第四,苏州尚未建立以智能制造产品为核心的全生命周期质量保障体系,企业对智能制造系统安全性问题重视不够。第五,苏州目前缺乏真正有实力有影响力的服务于智能制造的公共服务机构。同时,部分智能制造公共服务机构为企业服务的水平较低,不能根据企业智能制造实际需要而展开个性化服务。[1]

全面提升苏州智能制造整体水平,苏州政府不仅需要加强战略研究,开辟苏州独特的智能工业发展方向,也需要大批引进数字经济下各类数字产品的生产商和应用商,丰富产业链上中下游的完整性与支撑力。中小型数字产品生产及应用商的进入能够真正快速地在地区内打开数字市场。因此,苏州政府可以以工业园区为基地,制定相关政策、创造有利条件,搭建招商引资引智平台,大力吸引从人工智能、信息基础设施制造等高科技制造企业,到云服务、大数据相关服务、电子商务配套软件以及数字文化产品等软件服务类企业,再到以共享经

---

[1] 王志宏. 苏州智能制造业的现状分析与发展对策. 苏州党校,2016-7-27.

济为主体的数字化衍生产业的多元化多种类企业的引进及创投项目。

建立交易体系,并提供政策和资金的支持,推动成熟企业扩大品牌影响力,鼓励企业间建立互惠互利的战略合作平台,全面提升苏州数字经济主体的发展潜力以及核心竞争力。与此同时,大力扶持一批具有特色或发展潜力的数字经济微小型企业,并鼓励数字经济创新创业,共同打造具有苏州特色的、蓬勃发展的数字经济产业集群。

(二) 持续推动"大云物移"和人工智能发展

制造业是苏州的支柱产业,因此,响应国家"中国制造 2025 规划",深入推进传统工业制造业进行数字化转型发展是未来十年的主要努力方向之一。应大力发展智能终端、芯片和新型电子材料等数字化研发制造业,以及高科技产品的生产制造,如智能手机、智能可穿戴设备、新型电子产品及其零配件等。与此同时,高度关注规模化智能制造,推进智能工厂和数字化车间以及工业机器人的制造和规模化使用。依靠技术投入,全面提升传统工业制造业生产过程中的效率、精细度和智能度。

大力开展大数据、云计算、人工智能等高新技术的研发及应用,提高产业科技密度。加大对研究中心及科研机构的投资力度与政策支持,同时鼓励高校重点培养高新技术科技人才。以将苏州建设成为一个核心技术开发基地为目标,发展人工智能和智能制造业等数字经济前沿产品与技术,有重点、有规划地推进技术性数字经济的发展。

根据苏州数字经济指数计算结果和分析显示,苏州科技专利产出相对其他城市较少,因此苏州急需建立完善的知识产权管理制度,形成完善的知识产权人才体系和较好的知识产权人才梯队,鼓励高新科技以及信息通信设施相关专利的产出。并且建立有效的知识产权转化运用体系,将专利更多地运用到实际生产中,创造革新、提高产能。

推动数字经济相关产业投资贸易便利化。探索共管、共建的区域性多方合作,建立区域性、全国性乃至全球性的投资网络连接,更好地吸引各方合作与支持。鼓励数字经济多元化创新创业,优化公平竞争机制,打造良好的创新创业生态环境与发展空间。

(三) 构建服务型政府——大力提升基础设施普及率

根据《中国信息社会发展报告2016》显示,苏州2016年信息社会指数在全国地级以上城市中排名第六,位居前列。但是网络信息基础设施区域化分布不均的状况仍然存在,一些周边地区和乡镇农村的网络连接情况相对落后。因此,消除区域差异将是政府提高全市整体数字经济表现的一大任务。此外,全面普及中小学计算机及网络的应用也十分重要。如上文所述,加强中小学生数字化教育是消弭数字鸿沟、提升国民数字素养的根本。因此,政府应重视中小学校的信息基础设施普及状况。除此之外,降低宽带资费和移动互联网使用费用以及提高网络整体运行速率都将对数字经济产生积极影响。

(四) 构建智慧政府——加速"两化融合"发展

产业结构的中心按第一产业、第二产业、第三产业的顺序转移是社会发展的一大体现。产业结构是指一个国家或地区在生产过程中,其产业组成资源在各产业间的配置状态。随着工业时代的推进,第一产业产值在世界各国GDP中所占比重不断下降;第二产业产值占GDP比重迅速增长,进而逐渐趋于稳定;目前,随着数字时代的到来,服务业产值所占GDP比重不断增长,逐步成为世界各国的主导产业。

苏州自20世纪90年代起就形成了以工业制造业为中心产业的产业模式。自1991年至今,苏州地区生产总值和人均生产总值都在逐年递增,其中第一产业增长缓慢,所占比重逐年下降;第二产业总体增长迅速,所占GDP比重缓慢下降;第三产业总值呈持续上涨趋势,所占比重在近年首次超过50%。其中,社会服务业、租赁和商务服务业、金融保险业、房地产业、批发和零售以及餐饮业的增长表现较为明显。而科研技术服务以及数字化新兴产业占比仍然较小,涨幅依旧缓慢。因此,调整产业配比,政策上加强数字化融合推广,鼓励高科技及数字化新兴产业蓬勃发展,并开拓多元化数字经济服务业态对苏州数字经济的发展十分重要。

推动数字经济与传统服务产业的融合,以及各类衍生产业的建立与发展,开拓多元化数字经济服务业态。开拓传统的医疗与健康、教育、旅游业、普惠金融等产业的多元化数字产品。比如,围绕数字旅游业,建立一系列景区、酒店、餐饮、公园等为一体的智慧旅游网络体系,方便游客获取信息、线上订票、规划行程等。针对数字医疗,可以开展"大数据医疗""线上问诊""网络挂号"等将医疗与信息技术相结合以提高资源运行效率的新模式。

（五）积极推动"共享经济"模式

根据2016年年底中国支付清算协会发布的《2016年移动支付用户调研报告》显示,2016年,22.8%的用户每天使用移动支付,每周使用的用户则高达约60%。无现金支付不仅极大地减少了货币生产及运输过程中的资源浪费,有效减少了现金流通过程中造成的疾病传播,同时也有力地保障了交易安全,杜绝假币泛滥和现金的抢劫与盗窃案件。因此,目前各大城市纷纷将建设"无现金支付城市"提上议程。浙江省商务厅发布相关文件,全面推进"无现金",在全省范围内推广生活服务领域电子支付,推动"无现金支付城市"建设。文件中提到无现金支付"有利于减少交易成本,促进居民生活服务正规化经营,逐步提高管理和服务水平;有利于方便群众生活,让群众少跑路,让数据多跑路;有利于优化政府对生活服务领域的市场监管,营造良好的市场经济秩序"。

杭州已率先成为第一个"无现金城市",超过95%的超市、便利店能使用支付宝付款;超过98%的出租车支持移动支付。杭州的数字经济与服务业的融合一直表现突出,以2016年前三季度数据为例,杭州服务业占GDP比重达到了61.1%,拉动GDP增长7.8个百分点。

与杭州相比,数字消费是目前苏州数字经济发展的短板。要改变这一现状,政府需要加大推广力度,制定具体方案,定时、定点、定向地发展数字消费。加强与蚂蚁金服等集团的合作,在交通出行、商业服务、政务服务、医疗保健等公共服务领域逐步加大无现金支付的覆盖率。与此同时,多加强有关科普宣传,提高老年人及其他接受度较低人群对数字消费的关注与了解。

在大数据、云计算、物联网、人工智能、虚拟现实等新技术的推动下,不断催生了新应用、平台经济、共享经济等新模式、新业态、新产品。如滴滴打车、共享单车、手机购物、在线点餐、移动支付、在线预约挂号、在线业务办理等,已经融入苏州政府、苏州企业和苏州居民的互动方式与经济活动中。

苏州电子政府发展水平较高,在线办公已成为苏州各级政府平稳运转和高效履职不可或缺的有效手段;网络消费等新模式的不断涌现,持续激发苏州居民潜在消费需求,也能有效促进服务业结构调整和资源优化配置。

未来苏州发展可持续型数字经济可以更好地提高政府办事效率,加强电子政务，增强政府信息的公开度和透明度；倒逼传统制造业转型升级，催生服务业形成新模式新业态；激发潜在需求，使居民的生活工作更加智能和便捷；有效提升城市竞争力的同时，也能形成有苏州地方特色的数字经济发展模式，为其他地区数字经济的发展提供有益的借鉴。

参考文献

[1] 二十国集团数字经济发展与合作倡议[EB/OL]. http://www.cac.gov.cn/2016-09-29/c_1119648520.htm.

[2] 经济合作与发展组织. 衡量数字经济：一个新的视角（中文版）[R]. 2015.

[3] 波士顿咨询. 迈向2035：4亿数字经济就业的未来[R]. 2017.

[4] U. S. Department of Commerce. Enabling Growth and Innovation in the Digital Economy [ED/OL]. (2016-6) https://www.ntia.doc.gov/files/ntia/publications/enabling_growth_innovation_in_the_de_0.pdf.

[5] 李国杰. 数字经济引领创新发展[N]. 人民日报, 2016-12-16.

[6] Nellen, Annette. Taxation and Today's Digital Economy [J]. Tax Practice & Procedure. 4-5-2015.

[7] Accenture Consulting. Delivering public service for the future: tomorrow's city hall: catalysing the digital economy[R]. 2016.

[8] Accenture Consulting. 大有智为：智企时代，技术为人[R]. 艾埃森哲（Accenture）技术展望, 2017.

[9] 艾埃森哲（Accenture）咨询. 物联网：中国产业转型加速器[J]. 展望期刊, 2017.

[10] Deloitte. Rewriting the rules for the digital age [R]. 2017 Deloitte Global Human Capital Trends. 2017.

[11] U. S. Department of Commerce. The Emerging Digital Economy[ED/OL].

(1999-6). http://www.esa.doc.gov/sites/default/files/emergingdig_0.pdf.

[12] Deloitte. Smart Cities: How rapid advances in technology are reshaping our economy and society[R]. November 2015.

[13] UK parliament. Digital Economy Act 2017[ED/OL]. 2017. http://services.parliament.uk/bills/2016-17/digitaleconomy.html.

[14] 何枭吟. 数字经济发展趋势及中国的战略抉择[J]. 现代经济探讨, 2013(3).

[15] 冯健, 朱欣民. 国外数字经济发展趋势与数字经济国家发展战略[J]. 科技进步与对策, 2013(8).

[16] 何枭吟. 美国数字经济研究[D]. 吉林大学, 2005.

[17] 中国信息通信研究院. 中国信息经济发展白皮书2016[R]. 2016.

[18] 中国信息通信研究院. 中国数字经济发展白皮书2017[R]. 2017-7.

[19] 阿里研究院. 数字经济2.0[R]. 2017.

[20] 腾讯研究院. 数字经济:中国创新增长新动能[M]. 北京:中信出版社, 2017.

[21] 腾讯研究院. 分享经济:共给侧改革的新经济方案[M]. 北京:中信出版社, 2016.

[22] Innovate UK. Digital economy strategy 2015-2018[R]. 2015.

[23] 王勇. 数字经济将成为中国经济新引擎[N]. 证券时报, 2016-11-17.

[24] James Manyika et al. Connecting talent with opportunity in the digital age[R]. McKinsey Global Institute. June, 2015. http://www.mckinsey.com/global-themes/employment-and-growth/connecting-talent-with-opportunity-in-the-digital-age.

[25] Mckinsey. Digital globalization: the new era of global flows[R]. 2016.

[26] 世界银行. 2016年世界发展报告:数字红利(中文版)[R]. 2016.

[27] World Economic Forum. The global information technology report 2016: innovating in the digital economy[R]. 2016.

[28] GSMA. Embracing the digital revolution: policies for building the digital economy[R]. 2017.

[29] TEL WG. APEC Telecommunications and Information Working Group

Strategic Action Plan 2016 – 2020[EB/OL]. 2015. http://www.apec.org/~/media/Files/Groups/TEL/20150331_APEC%20TEL%20Strategic%20Action%20Plan%202016 – 2020.pdf.

[30] National Telecommunications and Information Administration National Science Foundation. The National Broadband Research Agenda: key priorities for broadband research and data[R]. 2017.

[31] 美国白宫. 美国开放数据行动计划(中文版)[R]. 2014.

[32] The Networking and Information Technology Research and Development Program. The Federal Big Data Research and Development Strategic Plan [EB/OL]. 2016. https://www.nitrd.gov/PUBS/bigdatardstrategicplan.pdf.

[33] National Science and Technology Council. Networking and Information Technology Research and Development Subcommittee. The National Artificial Intelligence Research and Development Strategic Plan [EB/OL]. 2016. https://obamawhitehouse.archives.gov/sites/default/files/whitehouse_files/microsites/ostp/NSTC/national_ai_rd_strategic_plan.pdf.

[34] Vivek Kundra U. S. Chief Information Officer. Federal Cloud Computing Strategy [EB/OL]. 2011. https://www.dhs.gov/sites/default/files/publications/digital-strategy/federal-cloud-computing-strategy.pdf.

[35] HM Government. Information Economy Strategy[EB/OL]. 2013. https://www.gov.uk/government/uploads/system/uploads/attachment_data/file/206944/13 – 901 – information-economy-strategy.pdf.

[36] Skyhigh. Cloud adoption & risk report[R]. 2016.

[37] 王德显. 美国先进制造战略的启示[N]. 人民邮电报, 2015 – 10 – 19. http://www.cnii.com.cn/wlkb/rmydb/content/2015 – 10 – 19/content_1638787.htm

[38] Europe's digital progress report 2016 [EB/OL]. https://ec.europa.eu/digital-single-market/en/news/europes-digital-progress-report-2016.

[39] Mckinsey. Digital globalization: the new era of global flows[R]. 2016.

[40] 2016年中国云计算六大企业发展现状趋势[EB/OL]. 电子世界, 2017 (2). http://smart.huanqiu.com/roll/2016 – 12/9823241.html.

[41] 国家信息中心,南海大数据应用研究院. 2017 中国大数据发展报告[R]. 2017.

[42] Manya Koetse. China's E-Learning Revolution:The 10 Hottest Chinese Online Education Companies of 2016 [EB/OL]. 2016-8-10. http://www.whatsonweibo.com/10-hottest-chinese-online-education-companies-2016/.

[43] 2013 年宽带中国分析报告[R]. 2013-8.

[44] 环球网. 盘点:2016 年中国云计算六大企业发展现状及趋势[EB/OL]. http://smart.huanqiu.com/roll/2016-12/9823241.html.

[45] 新浪新闻.《中国移动互联网发展报告(2016)》正式发布[EB/OL]. http://news.sina.com.cn/c/zs/2016-07-07/doc-ifxtwihp9714733.shtml.

[46] 中国区块链技术和产业发展论坛. 中国区块链技术和应用发展白皮书[R]. 2016-10-18.

[47] 国家信息中心信息化研究部,中国互联网协会分享经济工作委员会. 中国分享经济发展报告[R]. 2016-2.

[48] 张新红. 数字经济与中国发展[J]. 电子政务,2016(11).

[49] 艾瑞咨询(iResearch). 2017 中国金融科技发展报告[R]. 2016-8.

[50] 宽带发展联盟. 中国宽带普及状况报告[R]. 2017.

[51] 高红冰. 从中美共享单车差异,看数字经济与金融创新[EB/OL]. 阿里研究院,2017-6-26.

[52] 张影强,张瑾. 发展数字经济 创造更多就业[N]. 经济日报,2017-5-31.

[53] 2016 年中国云计算六大企业发展现状趋势[EB/OL]. 电子世界,2017(2). http://smart.huanqiu.com/roll/2016-12/9823241.html.

[54] 中国互联网络信息中心. 国家信息化发展评价报告(2016)[R]. 2016-11.

[55] 国家信息中心. 中国信息社会发展报告 2016[R]. 2016-5.

[56] 孙红,张季东. 数字经济国际发展比较及对中国城市的启示[J]. 中国名城·中外名城比较,2012.

[57] 新华三集团,数字经济研究院. 中国城市数字经济白皮书 2017[R]. 2017-4.

[58] 倪鹏飞,丁如曦,王雨飞,郑琼洁,等.苏州城市国际竞争力报告:精致创新驱动从容转型.地方智库报告,2016-9.

[59] 江启宏,王俊,夏雨希.苏州科技金融现状研究[J].企业科技与发展,2015(7).

[60] 苏州市统计局.2016年苏州市国民经济和社会发展统计公报[N].苏州日报,2017-1-16.

[61] 苏州市人民政府.苏州市大数据产业发展规划(2016—2020年).2016-12.

[62] 何枭吟.数字经济与信息经济、网络经济和知识经济的内涵比较[J].时代金融,2011(10).

[63] 郑学党,赵宏亮.国外数字经济战略的供给侧实施路径及对中国的启示[J].经济研究导刊,2017(6).

[64] 苏州市政府.苏州市十三五规划纲要[EB/OL].2016-1.

附件
苏州市大数据产业发展规划（2016—2020 年）（节选）

前　言

大数据浪潮是当今世界信息技术与经济社会融合发展的大趋势。国家"十三五"规划纲要明确提出"实施国家大数据战略"，积极发展大数据，已成为建设数据强国和网络强国、打造国家竞争力新优势的战略抉择。

苏州市作为长三角地区的大型城市，当前正面临实施"一带一路"战略、长江经济带建设等难得的历史机遇，同时也面临新常态下经济增幅趋缓、传统产业产能过剩等现实挑战。深入贯彻落实国家大数据战略，推进大数据产业快速发展，是推进工业经济和信息经济交汇发展、提升城市竞争实力的现实选择，是实施数据决策和数据治理、构建服务型政府和智慧型政府的必由之路。

本规划纲要依据《国务院关于印发促进大数据发展行动纲要的通知》（国发〔2015〕50号）、《国务院关于积极推进"互联网＋"行动的指导意见》（国发〔2015〕40号）、《江苏省大数据发展行动计划》《苏州市国民经济和社会发展第十三个五年规划纲要》《苏州市打造具有国际竞争力的先进制造业基地四大行动计划》《苏州市打造具有全球影响力产业科技创新高地五大行动计划》等有关文件编制，邀请了深圳市腾讯计算机系统有限公司、阿里云计算有限公司、北京京东尚科信息技术有限公司、华为技术有限公司、中兴通讯股份有限公司、神州数码信息服务股份有限公司、北京国研数通软件技术有限公司、国信优易数据有限公司、工业和信息化部软件与集成电路促进中心（CISP）、九次方大数据信息集团有限公司十家单位共同参与,多位国内著名的宏观经济学专家、产业经济学专家和大数据专家莅临指导,由苏州市发改委会同京东集团、华为技术有限公司和九次方大数据信息集团有限公司在十家单位规划方案的基础上进一步完善,经苏州市委市政府审定完成。本规划纲要是"十三五"时期全面推进苏州市大数据产业发展的纲领性文件,是苏州贯彻落实《中国制造2025》,顺利实现"一基地、一高地"战略目标的指导性文件,对于在新的起点上推动苏州创新发展、加快转型具有非常重要的意义。

第一章 规划背景

第一节 国内外大数据产业发展背景

一、国外大数据产业发展现状

根据IDC[互联网数据中心(Internet Data Center)]的报告显示,全球大数据市场规模年增长率达40%,预计到2020年,全球大数据产业发展美国仍将排名靠前,将占到37.22%,中国紧随其后,占比为20.30%。①

(一)战略规划牵引产业发展

2012年3月,美国政府率先启动"大数据研究与发展计划",正式从国家战略高度推动大数据发展。

2012年5月,英国建立了世界首个非营利的"开放数据研究所"ODI(The Open Data Institute)②,随后英国商务、创新和技能部发布了《英国数据能力发展战略规划》。

日本总务省2012年7月推出了新的综合战略"活力ICT日本",将重点关注大数据应用,并将其作为2013年六个主要任务之一。

2012年10月,澳大利亚政府发布《澳大利亚公共服务信息与通信技术战略2012—2015》,并将制定一份大数据战略作为战略执行计划之一。2013年8月,澳大利亚政府信息管理办公室(AGIMO)发布了《公共服务大数据战略》。

---

① 数据来源:2016年中国大数据产业交易白皮书。
② ODI是非营利性组织,它将把人们感兴趣的所有数据融会贯通在一起,每个行业的各个领域一面产生各种数据而另一方面又可以利用这些数据。

（二）政府立法提供制度保障

发展大数据产业过程中,面临着数据共享标准、数据开放等若干问题。各国通过立法使这些问题在法律层面得到解决。如美国白宫发表了《消费者隐私权利法案》,英国公布了《开放数据白皮书》,澳大利亚发布了《信息安全管理指导方针:整合性信息的管理》,新加坡公布了《个人资料保护法》(PDPA),韩国加强了数据保护立法,欧盟确立了开放数据战略,德国修订完善了《联邦数据保护法》等。

（三）加速关键技术研发布局

以 IBM、Oracle、EMC、英特尔、微软、谷歌等为代表的一批美国企业,抢占搜索服务、数据仓库、服务器、存储设备、数据挖掘等产业链的核心价值环节。欧洲以法国电信、施耐德、SAP 为代表的企业积极投资大数据产业,产业发展重点在大数据通信及其他公共服务、大数据的数据中心绿色节能应用、实时数据计算等方向。日本、韩国、澳大利亚等国家则更多停留在政府引导和基础研究环节,企业对大数据的投入落后于美国和欧洲。

（四）开放数据激发创新应用

2011年9月,巴西、印度尼西亚、墨西哥、挪威、菲律宾、南非、英国、美国等八个国家联合签署《开放数据声明》,成立开放政府合作伙伴组织,目前全球已有60多个国家加入。2013年6月18日,八国集团首脑在北爱峰会上签署《开放数据宪章》,要求各成员国率先开放公司信息、犯罪与司法、地球观测、教育、能源与环境、医疗健康、科学研究、统计、社会福利、交通运输与基础设施等数据。

（五）积极培养大数据产业人才

美国《大数据研究与发展计划》的一个重要目标是"扩大从事大数据技术开发和应用的人员数量"。英国《英国数据能力战略》对人才的培养做出专项部署。澳大利亚《公共服务大数据战略》强化政府部门与大专院校合作培养分析技术专家。

（六）政府投资保障产业发展

继美国宣布投资两亿多美元促进大数据研发后,2013—2014年,英国财政部与经济和社会研究委员会共投入5.13亿英镑用于大数据技术研发。法国政府宣布将在2013年投入1 150万欧元,用于7个大数据市场研发项目,促进法国大数据发展。

二、国内大数据产业发展现状

2015年国内大数据产业市场规模已达1 105.6亿元,较2014年增长44.15%。但目前中国大数据产业仍处于起步阶段,产业供给远小于市场需求。

(一)政策助推产业快速发展

自2014年3月"大数据"首次出现在《政府工作报告》中以来,国务院常务会议一年内6次提及大数据运用。2015年9月,国务院印发《促进大数据发展行动纲要》;11月,《中共中央关于制定国民经济和社会发展第十三个五年规划的建议》中首次提出推行国家大数据战略,同时,"十三五"规划中也提出将要建立国家大数据战略。

(二)区域产业集聚效应凸显

大数据产业集聚发展效应开始显现。北京依托中关村在信息产业的领先优势,形成京津冀大数据走廊格局。长三角地区城市将大数据与当地智慧城市、云计算发展紧密结合,吸引了大批大数据企业。

(三)互联网企业占市场主导

百度、阿里巴巴、腾讯、京东等互联网企业抓紧布局大数据领域,纷纷推出大数据产品和服务,抢占数据资源。以华为、联想、浪潮、曙光、用友等为代表的传统IT厂商开始尝试涉足大数据领域。

(四)各地大数据发展模式成效显著

1. 深圳:大数据知名企业聚集

深圳作为国家级创新城市,吸引了知名大数据企业落户,如国家超级计算中心(深圳中心)、阿里云深圳数据中心等。

2. 杭州:龙头企业带动产业发展

杭州利用较完善的基础设施优势、龙头企业带动和数据开放的扶持政策,成为当地信息经济发展的新增力量。阿里巴巴以淘宝数据为突破口,较早开展了电子商务大数据的汇集和应用。

3. 上海:数据开放促进创新应用

上海大数据研究与发展围绕"资源、技术、产业、应用、安全"融合联动这一条主线,力争打造国家数据科学中心、亚太数据交换中心和全球"数据经济"中心，形成集数据贸易、应用服务、先进产业为一体的大数据战略高地。

4. 南京：推进大数据示范应用

南京市重视大数据技术在智慧南京建设中的作用，结合扩大信息消费和智慧城市建设，优先推动电子商务、互联网金融、地理信息、智慧城市、电信等五大领域大数据特色应用。

5. 贵阳：打造大数据全产业链

贵阳大数据产业发展主要是着力实施"强基工程"，打造西部区域通信枢纽，实施"智慧贵阳""政务大数据开放""工业大数据智造""民生大数据分析利用"等项目，加快公共服务领域的信息开放与共享。

第二节 苏州市大数据产业发展背景

一、苏州城市发展现状与基础

（一）城市发展战略定位

到2020年，构建以名城保护为基础、以和谐苏州为主题的"青山清水，新天堂"，使苏州成为"文化名城、高新基地、宜居城市、江南水乡"。

（二）苏州产业发展现状

1. 支柱行业稳定发展

2015年，苏州电子、电气、钢铁、通用设备、化工、纺织六大支柱行业实现产值20 484亿元，比上年增长1.4%，占工业总产值的67.1%；电子信息产业产值9 946亿元，比上年增长6.4%，高于规模以上工业增速6.2个百分点。

2. 新兴产业引领增长

2015年，全市实现制造业新兴产业产值14 870亿元，比上年增长2.2%，占工业产值的比重达48.7%，比上年提高1.2个百分点。

3. 区域协同特色发展

张家港市：形成冶金、纺织、机电、化工、食品五大支柱产业。

常熟市：初步形成了以纺织服装、装备制造和汽车及零部件三大产业为主导，以电子信息、新能源、生物医药等战略性新兴产业为支撑，冶金、化工、造纸等传统产业并存的现代工业体系。

太仓市：以轻化工产业为主导，未来规划新材料、生物医药等产业。

昆山市:规划"一带四区"产业带。

吴江区:"十三五"期间打造"1+3+5"产业体系。

吴中区:打造"2+3"特色产业体系。

相城区:打造以先进制造业为主体、战略性新兴产业和现代服务业为先导、优势传统产业为支撑的现代产业体系。

姑苏区:以服务业为主导,"十三五"期间打造"3+3+3"产业体系。

工业园区:重点发展三大主导产业和三大新兴产业。

高新区:发展"5+2"产业体系。

4. 传统产业遭遇瓶颈

(1) 苏州市传统制造业发展面临的问题

全市工业加工制造能力虽全国领先,但大量企业从事代工、贴牌生产,成为传统产业提升发展的明显短板。各园区也不同程度地出现了低层次项目的重复引进、规划布局调整难度大等问题。

(2) 苏州市传统服务业发展面临的问题

随着经营成本上升,服务业行业普遍盈利能力不足,传统服务业的亏损面有扩大趋势,导致投资出现负增长,产业投资意愿不足。

(3) 众多的产业园布局形成了信息壁垒

全市服务业集聚区有74个,其中省级19个,市级55个,分散在全市范围内。各个产业园独立发展,各自为政,资源优势和合力难以显现。

二、苏州大数据产业发展现状

(一) 产业发展基础

1. 通信基础设施日趋完善

截至2015年年底,电信互联网出口带宽提升至2.4T,业务控制层交换能力升级至100G,本地IDC出口带宽提升至600G,宽带网络端口达到707万个,宽带基础设施能力指标位居江苏省第2位。无线网络基站规模达到59 805个,实现城市市区4G信号全覆盖;无线接入访问节点数90 254个,实现全市车站、商业中心等重点场景全覆盖;移动互联网出口带宽提升至2.4T,业务控制层交换能力由40G升级至100G。

2. 数据资源建设初显成效

苏州市率先建设人口数据库、法人数据库、宏观经济数据库、政务信息数据库和空间地理信息数据库五大基础数据库。信用基础信息库建设全面推进,市公共信用信息基础数据库和服务平台一期项目已通过验收,法人信用数据库和自然人信用数据库完成建设,市、区两级11个平台实现联网,与省信用信息中心、26个市级部门的数据进行对接,覆盖50家部门数据,清洗入库数据1 330余万条,覆盖36万多工商户、56万多纳税户。

3. 电子政务应用深入推进

苏州市电子政务总体水平连续多年居于江苏领先、全国前列。确立了以"一平台、二中心、三空间"为核心的"三个体系"的苏州市电子政务发展总体框架。

4. 两化融合建设成效显著

两化融合工程颇有成效。目前规模以上企业ERP普及率达到85%以上,企业利用互联网开展电子商务率达到48%以上,两化融合示范区和示范企业建设成效显著。

智能制造体系初步形成。全市工业企业中开展智能设计覆盖面为26%、智能生产为41%、智能装备(产品)为42%、智能管理超过85%。

5. 产业发展环境不断优化

城市示范工程建设颇有成效。苏州市先后被选为多个国家级信息化和大数据相关的示范区、试点城市,包括信息惠民试点城市、电子商务示范城市、智慧城市试点城市等。

产业政策环境不断优化。除国家及江苏省先后出台《关于促进大数据发展的行动纲要》《中国制造2025》和《江苏省大数据发展行动计划》等政策文件外,苏州市市级层面已出台《关于实施打造具有全球影响力产业科技创新高地五大行动计划的决定》《苏州市打造具有国际竞争力的先进制造业高地四大行动计划》等一系列政策文件。

(二)产业发展优势

1. 战略区位优势明显

苏州与上海在"一带一路"对外开放新棋局和长三角区域一体化新格局中的区位互补优势将持续显现,与"一带一路"沿线的中亚、西亚、南亚等地区的16

个国家和东盟国家保持着良好的经贸合作关系。

2. 产业发展基础雄厚

国民经济发展基础雄厚。苏州作为国内经济最发达的城市之一,经过"十二五"期间的发展,初步形成"三二一"产业发展格局。

物联网产业集群式发展。苏州工业园区、昆山传感网产业基地在推进物联网产业发展方面坚持创新发展、特色发展、联动发展,初步具备了省级物联网产业认定标准,拟申报省级认定。

人工智能产业势成规模。苏州市高新区、吴中区等地区初步形成了机器人关键零部件、整机制造和集成应用、专业化服务等较为完整的产业链。

云计算产业快速化发展。截止到2014年年底,仅工业园区已集聚云计算相关企业300多家,云计算相关产值达140多亿元,从业人员超过4万人,已形成"一市多园"的云产业格局。

3. 区域发展雏形初显

张家港市:引进了北大、清华2个著名高校的产业技术转移中心,拥有云鼎科技、国泰新点、物润船联等多家大数据相关企业。

常熟市:大数据应用引进清华祺润云谷项目,总建筑面积21万平方米,占地68亩,建设云谷总部物业基地。

太仓市:以德资企业为显著特征的太仓制造业和外贸、物流等服务业大数据建设正在广泛深入推进。

昆山市:花桥开发区大数据企业主体日益增多,涵盖了大数据产业链的各个方面。

吴江区:拥有江苏亿友慧云、苏州创行、苏州多棱镜等多个知名大数据企业,专注纺织行业全数据链监控、企业生产数据监控、大数据挖掘技术、智慧物联等领域。

吴中区:拥有吴中科技创业园、吴中"物联网+"产业园、苏州信用信息科技产业园等产业发展载体。

相城区:政务外网实现区内各部委办局、街道(镇)、社区三级覆盖,节点用户数量超过3 000个,建成以苏州市相城区人民政府网为中心的政府网站群。

姑苏区:2016年启动"信息数据资源中心"项目,目的是打通部门之间、区级之间、上下级之间的数据渠道,建立人口、法人、地理信息数据库。

工业园区:已经建成"三库三通九枢纽",在政府数据资源共享方面已经初具成效。

高新区:与阿里云、国芯科技、中科院地理研究所、江苏中集、中移动软件技术公司、山石网络、互盟信息等大数据相关的龙头企业合作,开展了一系列大数据应用。

4. 数据应用潜力无限

大数据作为一个新兴产业,作为后来者的苏州完全可以充分利用前人的先进成果,以应用为切入点,找准方向,错位发展,促进成果与产业的融合创新,推动产业转型升级。

5. 创新高地逐步形成

平台开放优势明显。苏州拥有国家级开发区14家、省级开发区3家、综合保税区7家、保税区(保税港区)1家,已成为全国开放载体最为密集、功能最全、发展水平最高的地区。

科技综合实力保持领先。"十二五"期间,全市科技创新综合实力始终位居全省第一,始终保持福布斯"中国大陆城市创新能力排行榜"前三位。

6. 发展活力持续增强

"十二五"期间苏州获批开展国家跨境贸易电子商务服务试点。国家级开发区数量累计达到14个。2015年,进出口总额达到3 053.5亿美元,"十二五"期间年均增长2.2%,累计实际利用外资419亿美元,新批境外企业数和实际投资额均连续12年位居全省第一位。

(三)存在的问题及面临的挑战

1. 大数据龙头企业缺乏

苏州发展大数据产业基础优势虽较明显,但大数据、云计算企业尚未形成产业集群化发展,数据挖掘与分析方面拥有核心技术的重点企业较少。

2. 数据资源整合及共享开放程度较低

一是政务数据资源整合协同存在体制机制壁垒和基础设施壁垒;二是数据开放共享和深化利用亟待加强;三是信息安全保障能力亟须提升。

3. 大数据软硬件产品及技术手段缺乏

在"数据存储""数据计算""可视化""结果呈现"等方面存在技术难题,缺乏数据可视化、大数据一体化存储等一系列软硬件产品,极度缺乏从高端CPU芯片到整机技术,从操作系统到数据库、中间件和应用软件,从底至上、软硬一体的完备技术体系。

4. 产业化和市场化程度有待提高

云计算产业在苏州工业园区有逐步集聚态势,但是企业总体规模较小。各区市大数据产业发展仍处于基础阶段,尚没有形成市场主导的产业化发展路径。

5. 大数据专业人才欠缺

苏州在相关人才培养和优惠政策方面还处于空白。大数据专业人才欠缺问题,将是苏州市发展大数据产业亟需解决的重点问题。

第三节 发展形势及要求

一、发展大数据产业是实现产业发展及转型升级的新引擎

苏州市经济总体运行平稳,产业结构不断优化,初步形成"三二一"发展格局,大力推动以云计算、大数据、移动互联网、物联网为代表的新一代信息技术发展,为苏州市成功实现产业转型升级提供新的引擎。

二、发展大数据产业是构筑城市竞争力新优势的必要手段

《关于促进大数据发展的行动纲要》《江苏省大数据发展行动计划》等大数据发展相关政策文件更加明确了大数据促进城市经济发展、提升城市管理水平、增强城市综合竞争力的重要作用。

三、发展大数据产业是提高政府管理及民生服务的新动力

利用大数据技术,大力推动政府部门数据共享,稳步推动公共数据资源开放,推动政府治理精准化,推进商事服务便捷化,促进安全保障高效化,加快民生服务普惠化。

四、发展大数据产业是发展和实现数字经济的必由之路

"十三五"期间,中国将大力实施网络强国战略、国家大数据战略、"互联网+"行动计划等一系列重大战略和行动,促进数字经济进一步创新发展。

第二章 总体要求

第一节 指导思想

全面贯彻党的十八大和十八届三中、四中、五中、六中全会精神,落实《促进大数据发展行动纲要》《关于积极推进"互联网+"行动的指导意见》《江苏省大数据发展行动计划》,以及市委市政府对苏州市产业转型的战略构想和《苏州市国民经济和社会发展"十三五"规划》决策部署,以"大数据+产业"和"大数据+行业"为重点,大力推动政府公共资源开放共享,打造"特色大数据产业集聚区",为建设"强富美高"新江苏提供有力支撑。

第二节 基本原则

统筹规划、协同发展。发挥政府的统筹引导作用,统筹考虑苏州市及"四市六区"的大数据产业发展布局,优势互补,协同推进。

政府引导、市场主体。通过扶持和引入国际知名的大数据龙头企业,形成影响力和号召力,创建大数据产业高地,形成国内核心的大数据产业集聚区。

创新驱动、开放合作。以建设苏南国家自主创新示范区核心区为契机,建设一批大数据产业研究园,助力苏州市抢占大数据产业技术创新高地。

第三节 发展目标

一、总体目标

打造国内领先的大数据产业集聚中心。"十三五"期间,建成10个"大数据+特色产业园"和大数据产业孵化基地,创建出1~2个国家级大数据产业。

力争到2020年年末,将苏州建设成为具有较高知名度的国家级大数据综合应用试验区和较大影响力的特色大数据产业集聚区。

力争到2025年年末,根据苏州市贯彻《国家创新驱动发展战略纲要》的要求,将苏州建设成为国内具有突出影响力的大数据助力转型升级示范区和国际上有一定知名度的大数据产业集聚区。

二、近期目标(2018年)

构建并夯实大数据产业发展基础,建设大数据产业运营支撑体系和服务保障体系。设立大数据与农业、工业、服务业深度融合的政府重大专项,设立大数据引导资金推进大数据应用示范项目建设。初步建成国内有一定知名度的大数据产业集聚中心和产业大数据交易中心,提升大数据产业集聚的影响力和号召力。

三、中期目标(2020 年)

到 2020 年年末,以云计算、大数据、物联网为代表的新一代信息技术得到充分应用,大数据相关产业与传统产业实现深度融合。力争把苏州建设成为具有较高知名度的国家级大数据综合应用试验区和较大影响力的特色大数据产业集聚区。

四、远期目标(2025 年)

到 2025 年年末,通过发展大数据相关产业带动传统制造业和服务业的转型升级,力争把苏州建设成为国内具有突出影响力的大数据助力转型升级示范区和国际上有一定知名度的大数据产业集聚区。

第四节 路径选择

一、完善产业基础,助力产业发展

(一)完善技术环境

一是补充完善覆盖全域的数据采集网络,包括物联传感网络、全城 WIFI 等方面;二是补充完善基础软硬件支撑环境,包括"政务云""企业云"等方面;三是推动大数据标准体系建设,为大数据产业发展提供指导。

(二)完善产业载体

一是完善物理载体支撑,结合本地特点,分别完成特色大数据产业园建设;二是构建资金载体,推动产业快速发展;三是组建大数据交易载体,全面激活数据内在价值;四是完善技术载体,分别联合国内外顶尖科研机构成立大数据研究园;五是形成交流载体,扩大苏州市大数据产业品牌影响力。

(三)完善市场环境

一是面向大数据产业轻资产的特点,制定有针对性的招商引资政策和企业孵化政策;二是面向大数据产业高技术性特点,制定有激励性的科研政策和高端人才引进政策;三是面向大数据产业高成长、可复制性强等特点,制定更适于企业走出去的产业化推广激励政策。

二、汇集数据资源，推动数据开放

（一）采集汇集数据

一是依托物联网、移动互联等技术，主动采集城市运行数据、空间数据、环境数据及其他第三方数据；二是以"政务云"为支撑，汇集政府各部门、事业单位、行业组织的数据资源；三是以"企业云"为支撑，汇集域内企业数据；四是以"公众云"为支撑，汇集民生服务数据；五是提供大数据资产运营服务和数据开发服务，吸引其他省市区县的数据资源汇集苏州。

（二）数据共享开放

一是制定数据共享开放目录，为各类数据资源合理开放提供依据；二是建设大数据共享开放平台，为数据资源开发利用提供安全、可靠、易用的数据服务；三是开通数据开放管道，吸引外埠数据供应商主动共享开放数据。

（三）数据资产运营

一是建设大数据清洗基地，把低价值密度的初始数据转变为具有高可用价值的数据资源；二是成立产业大数据交易中心，激活数据价值，把数据资源转化为可直接交易的资产。

三、推进数据应用，创建全国应用示范区

以"十三五"建设目标为引领，打造大数据产业重点应用示范建设。以苏州市特色产业为支撑，争创工业大数据、服务业大数据的全国应用示范区。

四、深化产业融合，推动传统产业升级

深化大数据与传统制造业的融合，围绕原料端、制造端制造业产业链的核心环节展开深度挖掘分析，推动苏州市传统制造业行业转型升级。

推进服务业转型升级，依托苏州市服务业发展基础，积极发展生产性大数据服务产业，发挥"互联网＋"、大数据技术在服务业资源配置、公众及社会服务中的优化和集成作用，打造现代服务业增长新高地。

五、促产学研联动，争创国家大数据创新实验区

联合国内顶尖高等院校和科研机构，创立大数据产业科技园区，组织知名专家带领学者完成大数据科研项目等，培养大数据专业性人才，促进产学研联动，争创国家大数据创新实验区。

六、吸引企业集聚,形成大数据生态圈

（一）本地企业孵化

一是推动传统企业触角向大数据领域延伸,通过发展大数据产业模块推动企业转型升级;二是围绕国家战略和"强富美高"新江苏的战略目标,孵化大数据创新企业并支持企业可持续发展;三是推动各地大数据研究园科研成果转化,衍生创新型大数据企业。

（二）龙头企业落地

一是开放数据资源,对外形成超强吸引力;二是制定优越的招商政策,吸引企业落户;三是充分发挥苏州市主导产业优势,通过产业融合吸引外埠企业落户;四是发布一系列的大数据重大政府专项,吸引龙头企业落户。

（三）数据创新创业

一是搭建数据创新平台,支持第三方开发产品、部署产品、运营产品;二是策划一系列大数据创新活动,吸引海内外的大数据领军企业和领军人才参与其中,创建全球大数据产业创新高地;三是营造开放性的大数据产业发展环境,激发全社会自主创新能力。

七、产业链条延伸,促进持续发展

（一）延伸产业链条

一是通过大数据基础设施建设和应用需求,引领信息制造业走向高端,支撑形成"自主、安全、可控"的大数据产业支持环境;二是基于大数据在分析、预测领域的特性,助力加工制造业供给侧改革和产业结构转型升级;三是基于广泛深入的大数据应用需求,推动大数据与软件服务业、互联网、物联网等新兴战略领域的深度融合;四是基于大数据的智慧化服务能力,推动大数据与金融、物流、旅游等现代服务业的深度融合。

（二）扩大产业半径

一是向东承接上海大数据产业外溢,促进形成"创新在上海、创业在苏州"的大数据产业形态;二是主动服务太湖城市群,输出苏州市大数据产业成果,不断扩大产业影响力;三是结合苏州特色形成在全国有影响力的大数据产品,带动大数据产业走向全国。

（三）完善生态体系

以市场为主体，充分发挥政府的引领作用，适时出台相匹配的产业扶持政策，促进大数据产业生态不断自我完善，为大数据产业的可持续发展保驾护航。

第五节 策略分析

一、区域协同、东接西联

苏州市大数据产业采用区域协同的发展策略。向东主动对接上海、承接辐射，与上海优势互补；向西主动辐射太湖城市群，输出大数据产业成果。通过东接西联的大数据产业区域协同策略，推动苏州市发展成为华东区域最重要的大数据产业集聚区。

二、市域协同、齐头并进

苏州市大数据产业适于采用全域协同、齐头并进的发展策略。培育全产业链的大数据发展环境，形成协同并进的良好发展格局。在全国范围内形成特色大数据示范效应，推动苏州大数据产业引领全国，走向世界。

三、产业协同、相互助力

苏州市应以大数据产业为抓手，深度挖掘主导产业所产生数据的潜在价值，实现产业大数据的深度应用，进而促进两化融合，推动主导产业供给侧需求改革，精准发力，支持苏州产业顺利实现转型升级。

四、内外协同、助力发展

苏州市发展大数据产业需要内延、外延产业协同发展，促进产业转型升级（"大数据+产业"，属于转型升级），形成良性循环，助力产业大生态圈的打造，推动苏州市大数据产业形成区域影响力。

第三章　加强产业基础建设

第一节　完善信息化基础设施

一、优化网络基础建设

加快基础网络资源建设。积极推进高性能光纤网络的普及，扩充带宽资源，最大程度保证数据中心所在区域带宽资源，提升各市区的互联互通水平。

推动移动互联网络建设。实现 4G 信号覆盖率 100%,加强 5G 通信网等关键技术应用,大力推广基于下一代网络技术的业务创新。

推进无线 WIFI 网络建设。大力推进全市公共场所、服务场所的无线网络建设,提升重点场所网络覆盖率。打造移动互联网的网络环境,支撑移动互联网应用。

二、搭建城市感知物联网

统筹规划全市的传感设施布局,统筹建设服务全局的信息感知网。建设物联网连接管理平台和应用使能平台,规范数据采集格式;构建物联网智能连接;构建全面感知的城市运行监控网络;加快下一代网络建设与应用,推动物联网以及第五代移动通信网络建设。

三、建设空间地理信息体系

充分利用国家、省和市各级空间信息基础设施,完善自然资源和地理空间信息库建设。加强卫星遥感技术与本地化监测相结合,构建苏州市遥感空间信息云服务平台。联合建设国家北斗导航位置服务数据中心,建设统一的城市地理时空信息系统,推进卫星导航、检测与物联网、移动互联网的广泛融合。

第二节 建设苏州"城市云"

一、定制高效安全的"政务云"

苏州政务云依托全市电子政务外网统一网络平台,建设集 IaaS(基础设施即服务)、PaaS(平台即服务)、DaaS(数据即服务)、SaaS(软件即服务)于一体的市、区两级分布式电子政务云平台,为全市各级政务部门提供基础设施、支撑软件、数据资源、政务应用、运行保障和信息安全等服务。

两级架构、统一监控、分级管理。通过分布式政务云体系架构,实现市、区(县)两级云平台的互联互通和跨域资源服务,实现市、区(县)各级部门间的信息资源共享与业务协同。

跨域云资源服务。政务云平台为大数据平台提供按需、动态、弹性的资源服务,市、区(县)资源不够或需灾备时可相互调配云资源。

统一纳管现网平台。实现异构虚拟化、物理机计算的融合统一管理。支持物理机入云,对异构服务器、存储等现网设备利旧入云。

统一安全体系。统一云灾备服务,多级别灾备,提供数据备份、应用主备容灾、应用双活容灾、两地三中心容灾等灾备能力。

二、打造共享开放的"公众云"

通过"公众云"的建设,有效整合网络资源、计算资源、存储资源为大数据采集、处理、挖掘提供基础支撑,实现资源共享,实现信息在政府内部的有序流动和集中存储,整合协同资源、城市管理、公共服务、电子支付、科技、文化、娱乐、餐饮旅游等应用和综合服务平台。

三、搭建支撑协同的"企业云"

"企业云"作为"城市云"的建设核心,通过为企业提供生产决策基础数据,促进企业业务增长,鼓励企业创新,为企业发展创造机遇,帮助传统企业转型为数据驱动型企业。

提供产业基础数据。基于"企业云"的数据基础,为企业提供相关的产业基础数据,帮助企业更好地判断行业发展趋势、优化生产流程。

驱动研发设计、营销和企业管理。采用开放合作模式,广泛吸收第三方平台和云应用服务供应商,帮助广大中小微企业实现研发设计的数字化、市场营销的电子化、企业管理的信息化。

提升日常运营效率。统一存储企业数据资源,基于大数据分析优化生产环节、评估设定产品销售活动效果、调整产品广告形式,提升企业销售额。

第三节　促进数据资源融合

一、聚合政府数据资源

推动数据资源开发与建设,突出数据资源建设在大数据产业发展中的基础作用。拓展政府数据的采集渠道,持续收集、更新数据,为大数据技术研究和应用开发提供丰富的基础资源。

（一）建设政府核心数据基础库

构建五大基础库:宏观经济基础数据库、人口基础数据库、法人基础信息数据库、社会诚信信息数据库、自然资源和空间地理信息数据库。

统一指标数据源标准。更快捷有效地形成可共享的政府数据资源。基于政府实际业务流程梳理各数据库各项指标数据源,给出明确的标准说明。

扩展数据库类别。在数据源统一的基础上,更大限度地发挥大数据的价值,实现与各领域信息资源的汇聚整合和关联应用。

（二）建立数据资源和数据开放目录

按照国家对政务数据开放要求，积极推动各级政务部门面向市民和企业有序开放政务数据，建立公共数据资源开放目录。

（三）搭建政府数据开放平台

促进政务数据共享开放应秉承整合优先、新建次之的原则，将各市、区已有信息平台接入总体平台，统一管理。对公共数据按照重要性和敏感程度分级分类，推进政府和公共信息资源适度、合理的开放分享，有效指导和带动全社会数据资源的合理、有序分享和开发利用。

二、汇集社会数据资源

（一）加快本地社会数据汇聚

培养企业以数据指导生产的意识，将数据采集落实到日常工作中，进而为数据开放共享打基础。对于生产性企业，记录日常生产经营活动各个环节的数据，通过分析数据发现改善点。

（二）有效融合其他外部数据

借助互联网技术，实时"爬取"网页有用数据。通过合作方式，引入BAT等大型互联网企业的数据，构建全方位的数据生态体系。

第四节 建立数据安全体系

一、政策标准保障

支持国家大数据标准制定工作。以我国已发布执行的大数据相关标准规范为基础，针对现行标准体系缺项，结合大数据产业发展趋势，补充制定苏州地方性或行业性大数据标准规范，从而形成一套完整的大数据标准规范体系。

二、技术模型防范

加强数据安全保护技术攻关。加强数据保护关键技术手段建设，加快数据安全监管支撑技术研究，提升针对敏感数据泄露、违法跨境数据流动等安全隐患的监测发现与处理能力。

三、数据安全防护

建立网络安全监测机制。对网络攻击、网络病毒、网络中断事故等重大安全事件进行全方位监测、精准化分析和智能化预警。制定大数据环境下的安全管理防护体系,推进数据安全保护。

强化安全管理和应急处置。加强网络与信息安全应急处置工作,完善全市网络与信息安全应急预案,开展网络与信息安全应急演练。

第四章　推进大数据行业应用

第一节　政府治理

一、宏观调控决策支持

推动宏观调控决策支持、风险预警和执行监督大数据应用。加强对重点行业的经济运行监测和产业发展能力分析。建立经济运行分析结果的定期报告和发布机制,不断提升政府经济管理的决策能力和改善行业发展的经济信息环境。

二、政务服务效率提升

全面梳理行政机关、公共企事业单位直接面向社会公众提供的具体办事服务事项,编制政务服务事项目录,通过本级政府门户网站集中公开发布,并实时更新、动态管理。

三、政府服务模式创新

将大数据与网上办事大厅、公共服务平台建设等相结合,推进政务服务模式创新。整合构建综合政务服务窗口,建设数据共享交换平台体系,实现数据互通、校验核对,线上线下一体化管理,实现"一窗受理"。

第二节　城市管理

一、综合治理大数据应用

完善城管执法数据综合管理平台建设,汇聚市、区城管执法数据,并扩展到各下属市区,强化综合查询功能,加强数据分析,支撑科学管理决策。

二、公共安全大数据应用

按照全省"警务大数据"工程的部署要求,打造具有苏州特色的立体化现代化智能化社会治安防控体系,形成对市局节点的补充和扩展,构建物理分散、逻辑集中的苏州公安警务云。

第三节 生态环境

建设全市生活环境及环境设施的物联网感知网络,改造提升现有的环境质量感知系统和污染源感知系统,构建全市环境监控服务平台,形成"天地水一体化"的多层次、全方位的生态监控体系,实现对大气质量、水环境、固废、危废、放射源、机动车等污染源的在线自动检测和可视化监控。

第四节 民生服务

构建以人为本、惠及全民的民生服务新体系。扩大服务范围,提高服务质量,提升城市辐射能力,推动公共服务向基层延伸,不断满足人民群众日益增长的个性化、多样化需求。

一、健康医疗大数据应用

完善以电子健康档案和电子病历为核心的区域卫生信息平台建设,构建优化、规范、共享、互信的诊疗流程。

构建电子病历和健康档案。实现全市各家医院就诊信息的互联互通,方便医生对病人身体状况的综合判断。

搭建医疗公共服务平台。整合公共医疗资源,推荐符合用户需求的医生。提供咨询服务,搭建预约挂号平台,试行分级诊疗。

搭建重大疫情预测模型。通过收集的数据,建立评估模型来预测危险度,并进一步建立疾病的预测模型。

二、教育大数据应用

整合目前已建设的苏州市教育基础数据库和苏州教育一卡通,按照学生层、教师层、学校层等不同维度进行数据重构和建模。

构建苏州市教育大数据中心,建立教育大数据管理规范和数据采集标准,形成苏州市教育大数据中心基础体系。

建设苏州市教育监管监测平台,实现对全市教育资源配置、经费保障、人才保障等方面进行全面、及时、客观的数据监测,为教育宏观决策提供数据支撑。

建设苏州市教育评估评价平台,为素质教育转变及高考转型提供基础信息指导,对全市学校资源的合理配置提供数据指标支持。

建设苏州市教育趋势预判平台,对学生入学情况趋势、区域病情趋势、学生体质健康趋势等方面进行趋势预判、及时预警,为教育决策提供必要的数据支持。

三、交通大数据应用

建立综合交通服务大数据平台,推进交通、规划、公安、气象等跨部门、跨区域涉及交通服务大数据融合应用。完善公路、水路、运输市场及城市公共交通的信息系统建设,强化基础设施安全监测。

四、食药安全大数据应用

引入大数据技术升级食品药品监管体系,扩大监控环节点,实现食品药品数据存储与证据追溯、视频监控、投诉举报与处理、现场直击与应急指挥、日常监管与网格化管理、抽样预测等功能,在扩大食品药品监管范围的同时,有效提高苏州市食品药品安全水平。

五、文旅大数据应用

建设文化旅游云平台,建立政府文化旅游领域的数据采集和开放目录,通过建立数据开放门户网站等形式,提升企业获取文化旅游公共数据的便利度;依托文化旅游大数据发展,打造文化旅游大数据发展产业链。

六、社区服务大数据应用

构建苏州市、区两级城乡社区综合服务管理信息平台。着力建设社区民生基础大数据库和社区大数据管理平台,定期发布"智慧社区"管理和服务发展指数,实现城市社区服务和管理的精细化、个性化。

第五章 促进产业转型升级

苏州面临着新常态下经济增幅趋缓、结构调整阵痛、传统产业产能过剩等现实挑战,推进大数据产业快速发展、以大数据驱动传统产业转型升级是新时期苏州市激活数据要素、推进工业经济和数字经济交汇发展、提升城市竞争实力的现实选择,有利于打造供给侧结构性改革新模式。

第一节 苏州制造业 + 大数据

充分发挥大数据在工业化与信息化深度融合中的关键作用,重点支持新一代电子信息产业、高端装备制造产业、新材料产业、软件和集成电路产业、新能源与节能环保产业、医疗器械和生物医药产业等制造产业,大力贯彻《中国制造

2025》和《中国制造 2025 江苏行动纲要》,助力"工业 4.0",向高附加值制造业方向努力。

一、推进两化深度融合

(一)提升企业信息化水平,深入推进两化融合

围绕智能设计、智能生产、智能装备(产品)、企业资源计划管理(ERP)、供应链管理(SCM)和生产性企业电子商务等六大关键环节,深入推进两化融合。

(二)开展大数据应用,促进生产经营智能化

挖掘采购大数据,优化采购模式。基于生产制造大数据,提升产品创新水平,实现制造过程智能化。

推广营销、销售大数据分析应用,通过微分区、交叉销售、店内行为分析、情感分析、优化定价、基于地点的市场营销等大数据应用,提升客户数字化体验,增强市场竞争力。

二、大力发展智能制造

(一)大数据引领智能制造

1. 大数据产业引领制造新兴产业发展

制造业新兴产业具有高技术、高价值、高效益等特点,对经济发展推动力强,是国家重点引导发展的领域。2015 年,全市新兴产业产值达 1.67 万亿,制造业新兴产业占全市规模以上工业的比重为 48.7%;全市新兴产业完成投资达 1 441 亿元,占全市工业投资的比重超过 60.3%,新兴产业已具工业近半规模和较好发展基础。

2. 大数据产业促进制造传统产业转型

将制造业和大数据相结合,驱动传统制造业从低端制造向高端智能转型,实现制造业转型升级,重点将一批传统优势企业打造成为全球范围内引领行业发展的一流企业。

(二)加快推进智能工厂建设

开展苏州市智能制造试点示范,加快推动云计算、物联网、智能工业机器人等技术在生产过程中的应用。着力在工控系统、智能感知元器件、工业云平台等核心环节取得突破,有效支撑制造业智能化转型,构建开放、共享、协作的智

能制造产业生态。

（三）促进人工智能在制造业的推广应用

扩展苏州市大数据生态圈，构建人工智能产业链，引进基础技术支撑与人工智能技术。建立苏州产业、城市知识库，提供人工智能基础素材。整合人工智能产业链，构建 AI 服务平台，提供多种当前所需要的人工智能能力，与市场共同创建良好的人工智能产业生态，推动苏州人工智能产业的发展进步。

（四）大力实施"机器人上岗"

依托昆山机器人特色产业基地，培育一批主导产品优势突出、具有核心竞争力的机器人制造企业，形成一批龙头企业以及一大批具有核心竞争力的"专、精、特、新"中小型机器人制造企业，形成优势互补、协同发展的产业格局。

三、培育新型生产模式

培育发展开放式研发组织模式，发展新型生产制造模式，开展互联网与工业融合创新试点、物联网创新应用试点，培育基于互联网的大规模个性化定制、云制造等新型制造模式，推动形成基于消费需求动态感知的研发、制造、服务新方式。

四、提升网络化协同制造水平

推动中小企业制造资源与大数据智能服务平台全面对接，实现制造能力的在线发布、协同和交易，积极发展面向制造环节的分享经济，打破企业界限，共享技术、设备和服务，提升中小企业快速响应和柔性高效的供给能力。

五、加速制造业服务化转型

鼓励大型制造业企业将信息技术、物流、金融等优势业务剥离，面向行业提供社会化专业服务。加速制造业服务化转型，实现从制造向"制造＋服务"的转型升级。

（一）培育发展生产性服务新业态

打造智慧物流体系，推广智慧物流试点企业物流公共服务平台建设经验，向产业链和供应链延伸；加快电子口岸建设，构建推广自动化仓储、货运运输装卸等物流标准。

（二）推动制造业服务化转型

推动协同创新、便捷化交易、系统集成等模式创新，依托服务平台建设形成制造和服务并重、以服务促进和带动制造的发展。

（三）加强公共服务平台建设

围绕电子、纺织、冶金、医药等重点行业，开发提供区域和行业全程供应链服务的物流公共服务平台，推进软件与服务、设计与制造资源、关键技术与标准的开放共享。

（四）建设工业大数据智能服务平台

鼓励制造业企业在工业环境中建立工业大数据平台，借助统一平台收集产品生产过程各环节的实时质量数据，实现敏捷的一体化质量监测和管控，实现个性化定制生产，降低能耗，提高资源利用率，体现智能制造的价值。

第二节　大数据+苏州服务业

一、大数据+电子商务

苏州市政府在电子商务发展的方向上，应加强大数据与电子商务的融合，借鉴知名电子商务企业积极探索在苏跨境电子商务的顶层设计与运作策略。

（一）提升中小企业电子商务发展水平

从政府层面引入第三方企业数据，立足于基础服务与自主服务的结合，提炼数据服务型的电子商务服务模型，挖掘获得的海量数据，将有价值的数据通过政府交易交换平台回馈给潜在企业，从而开辟出一条新的电子商务服务模式。

（二）开发苏州市农村电子商务新动能

1. 构建"一村一品一店"农村电子商务新模式

在苏州市所辖市域内，针对每个自然村的地方特产，建设一家网上专营店。开发区域特色新产品，激发苏州市农业及农村经济发展活力，树立苏州市农村发展的典型标杆。

2. 促进"工业品下乡和农产品进城"双向互动

通过大数据融合，在与第三方电子商务平台协作发展"农产品进城"过程中，同时利用第三方平台的物流、仓储、配送体系，在满足农民工业品需求的同时，扩展区域就业机会。

3. 协同第三方金融企业，引入农村电子商务的资金扶持

借助第三方电子商务平台积累的数据，应用大数据技术，构建电子商务企业

信用体系,进而与第三方金融公司合作,在政府母基金的政策引导下,最大化资本力量,帮助农村电子商务企业快速发展。

（三）推进跨境电子商务服务试点建设

进一步健全苏州科技园、金枫电子商务产业园、昆山花桥国际商务城、博济科技园等园区(基地)、保税区和新建商务园区的电子商务基础设施与通信设施,完善各种商务智能区的配备,为接受更多国际知名电子商务运营商营造良好环境条件。

二、大数据 + 现代物流

（一）资源整合转型——产业融合

苏州物流产业与大数据的融合已具备了成熟的时机与条件。在物流相关产业如金融服务业、IT 服务业、设备制造业、咨询业等,技术与产品的替代性或关联性行业间的边界和交叉处形成技术融合。

（二）营销模式转型——精准营销

借力云计算、大数据进行订单预测和策略优化,能够较为准确地预测订单产生规模、地点、物流路径。物流企业能够获取用户的消费、位置数据,在线上为用户提供透明化的物流服务和各类线下体验,获得增值收入。

（三）客户体验转型——主动服务

物流业应变被动反应为主动支持,通过大数据在 C2B 领域的应用、物流信息数据库建设及信息传递的实时化,促进物流业信息化与网络化。

三、大数据 + 金融

（一）打造创新供应链金融发展路径

以大数据应用技术为核心,丰富供应链金融业务品种,包括订单融资、电子商务融资等。互联网金融是传统金融企业与互联网企业利用互联网技术和信息通信技术实现资金融通、支付、投资和信息中介服务的新型金融业务模式。

（二）完善大数据金融征信体系建设

通过苏州大数据金融征信体系的建设,对苏州综合金融服务平台、苏州地方企业征信系统、企业自主创新金融支持中心三大平台进行深度融合,有效引导金融机构、社会资本配置的同时,充分发挥财政资金的调控作用,引导在苏企业的良性发展。

(三) 推进"大数据+金融"的数字化应用

强化大数据在苏州市供应链金融中应用的方向,结合大数据技术的特点,着重考虑如下三个方向的突破:

一是市场需求判断。通过对海量数据的分析筛选整理,能帮助相关机构判断一系列变动的规律,判断出市场的需求方向和需求数量。

二是目标客户的资信评估。商业银行可以对授信客户的日常生产经营活动中的财务数据、原材料采购、付款信息等各方面各层面的各项数据进行整理研究并加以分析判断,从而对授信客户能够进行全面的资信评估。

三是可用于风险分析、警示和控制。大数据的最大优势就是对海量数据的分析筛选整理,能帮助判断一系列变动的规律,通过行情分析和价格波动分析,能够尽早提出预警信号。

四、大数据+旅游

依托全国首个"古城旅游示范区",有效利用云计算、物联网、移动通信、人工智能等多种先进技术,以集约化模式打造苏州旅游服务平台,引领苏州旅游产业有序健康发展。

(一) 多维融合,协同发展旅游经济

全域旅游。开发全域旅游应用,链接旅游景点与周边旅游要素,带动景点周边产业繁荣。

古城旅游。依托国家古城旅游示范区建设,积极推进历史文化街区、精品主题酒店、特色文化体验项目建设。开发利用旅游大数据,建设智慧旅游综合平台。

旅游大健康。利用苏州周边自然山水资源,以"天人相依,四季养生"为发展理念,充分发挥苏州人文、休闲及自然资源(太湖)优势,将大健康旅游产业培育成苏州市新的经济增长点,打造苏州旅游产业升级版。

乡村旅游。立足于国家旅游产业升级转型和国际旅游岛建设的时代背景,构建集乡村观光、乡村休闲、乡村度假等为一体的多元化乡村旅游产品体系,促进苏州旅游经济的转型和升级,全面提升苏州旅游产业竞争力。

体育健身旅游。全面贯彻落实《体育发展"十三五"规划》中发展群众体育的精神,规划并建设国家登山步道项目,串联苏州郊区自然景观,发展全民健身。搭建苏州步道公共服务平台,引入全国步道大数据,打造体育建设大数据示范项目。

(二)整合旅游资源,保证经济规模

依托"智慧旅游"公共服务平台建设,构建一个集管理、营销、服务三位一体的大数据旅游服务平台,通过大数据分析真实掌握旅游市场、经营管理、旅游舆情等方面情况,提高各部门,各市、区对行业指导的决策及管理水平。

(三)提升旅游管理与旅游营销水平

促进旅游管理。通过对基于位置的LBS导航系统数据的分析,苏州旅游平台既可实现安全疏导,又可实现旅游路线统计,以便进行旅游路径优化。

提升酒店服务。苏州旅游平台帮助酒店更加精准地为顾客推荐有吸引力的旅游产品和服务,旅游景区更好地进行客流疏导和调控,旅行社更方便地整合信息资源而开发出更有针对性和个性化的旅游产品等。

促进旅游营销。整合苏州旅游平台上积累的客户数据与外部数据,基于客户需求创新产品,制定更精准的营销策略。充分发挥社交媒体的互动传播功能,为精准营销提供重要支撑。

五、大数据+健康

(一)构建新型健康管理生态

新型健康管理生态将基于统一的云计算平台,利用大数据分析的理论与方法,建立城市居民健康状态辨识指标和综合干预方案,构建全局性医疗数据质量跟踪和管理机制。

(二)打造健康产业生态链

以苏州市行业龙头骨干医疗器械和生物医药产业企业为主,整合上下游行业资源形成健康产业链条,产业环节围绕具体产品的研发、生产、产业化形成创新链条,吸引不同资金支持形成健康产业资金链条。

六、大数据+文化创意

结合苏州市文化、科技、载体等资源综合分析,苏州市"大数据+文化创意"转型发展路径主要由以下几个方面组成:

（一）拓宽产业建设思路，优化市场运行模式

基于大数据，精准分析市场及用户需求，细分文化创意消费市场，多元化融合"互联网+"创意元素，利用文化提升苏州旅游及景区品牌效应。构建文化传播大数据综合服务平台，提升公共文化服务水平。

（二）发展规模经济，构建完整的文化创意产业链

构建完整的文化创意产业链和价值链，形成兼具创作、生产、加工、销售的文化创意产业大数据综合平台，以文化创意为核心和引领，不断推动产业纵向拓展和横向联合。

（三）基于大数据拓展文化创意产品营销及运营模式

互联网企业收集了大量的用户数据，对传统产业链的渗透逐渐增强，应引导以影视文化企业为首的文化创意产业充分运用大数据，加快大数据产业化、市场化进程，将数据转换为资产，充分利用互联网企业会员数据库的影响力，根据不同的数据维度收集有效数据，培养多元化用户群体。

七、大数据+数字创意

（一）激发数字创意产业创新发展

依托苏州阳澄湖数字文化创意产业园、高新区浒关中国石坞 3D 数字文化创意产业园等现有发展基础，促进大数据技术与传统文化创意产业的结合。

（二）拓展数字创意产业应用领域

加强数字创意在会展领域、虚拟现实领域、产品可视化领域等应用基础较好领域的深化应用；不断扩展数字创意在设计业、影视与传媒业、数字出版业、动漫游戏业等行业的应用，扩大数字创意的应用领域。

第三节　大数据+苏州农业

积极推动物联网、云计算、大数据、移动互联网等现代信息技术与现代农业深度融合，推动农业产业链改造升级，发展精准农业，建设追溯监管系统。

第四节　带动大数据外延产业发展

一、推动外延产业快速推进

积极发展以大数据为核心的新一代信息技术产业，推动大数据与物联网、北斗导航、虚拟现实、人工智能等现代互联网技术的融合协同发展，并充分利用现

代互联网技术同制造业、服务业相结合,促进苏州市产业转型升级。

二、内外延产业协同发展

（一）大数据泛在采集网络拉动物联网产业协同发展

1. 泛在的传感网络促进物联网产业发展

以城市运行大数据、生态环境监测大数据应用需求为牵引,构建全域覆盖的物联传感网络,拉动物联终端生产制造企业、传感网络部署运维企业、物联网数据采集清洗企业、物联网应用研发企业快速发展。

2. "大数据+制造业转型升级"加速物联网产业发展

以苏州市建设具有国际竞争力的先进制造业基地为契机,通过制造业转型升级,围绕核心生产线,广泛部署物联感知终端,全面采集生产数据。

3. "大数据+现代服务业"提升物联网产业水平

以苏州市大力发展现代服务业为契机,通过大数据在现代物流、商贸业、旅游会展等方面的深度应用,促进物联网上下游产业链快速发展。

（二）大数据开放创新拉动互联网产业协同发展

搭建大数据共享开放平台,支持大数据向全社会开放,有力促进"大众创业、万众创新"。开放数据资源,解决互联网类创新型企业缺乏数据支撑的根本性难题,在支撑全面提升苏州市综合实力的同时,带动互联网产业迅猛发展。

（三）大数据海量应用拉动软件服务业协同发展

围绕建设"经济强、百姓富、环境美、社会文明程度高"新江苏的战略定位,以政务、企业、公众三大主体为切入点,大力开展大数据应用示范工作。以此带动本地大数据应用开发企业、传统软件服务企业快速成长,同时对国内外软件服务企业形成超强吸引力。

（四）虚拟现实、人工智能等新兴领域协同发展

以苏州市大数据产业科研集群为支撑,在数据深度挖掘、非结构化信息提取、自然语义分析等方向上开展深入研究工作。以苏州各大数据产业园区为载体,大力推动前沿技术成果转化,在世界范围内率先抢占领域高地,树立苏州经济产业高端形象,引领苏州产业发展迈上新台阶。

第六章　打造大数据产业生态圈

在国际市场竞争的背景下,苏州市着重培育大数据产业生态圈,把握大数据时代战略机遇,加速构建大数据产业生态圈,不断完善政策法规,创建适度宽松的发展环境,提升苏州在国际国内的大数据产业地位。

第一节　大数据产业生态圈建设蓝图

大数据产业生态圈的建设核心是促进大数据产业与苏州市支柱产业融合。在提升苏州市支柱产业运行效率与经济规模的同时,增强大数据产业自身的集聚效应,加速苏州市信息流、资金流、物流、人才流与大数据产业的融合发展,为苏州市产业转型发展提供持续不断的数据动能。

在苏州市大数据产业与苏州支柱产业融合的过程中,充分加强生态圈主体其他生态要素的交互,增强产业融合的效用。积极发挥苏州本地经济政策杠杆、产业协会与联盟、金融机构、科研院所与研发中心的整体作用,完善苏州大数据产业生态体系的构建。

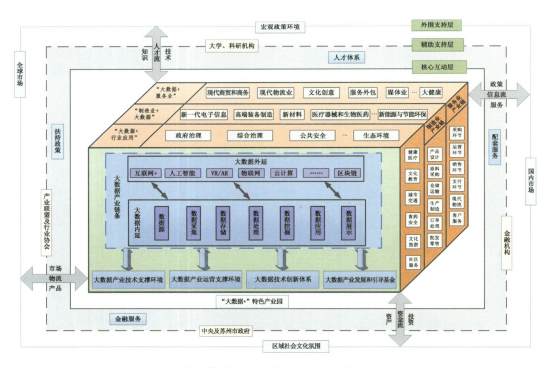

附图　苏州市大数据产业生态建设蓝图

第二节 大数据产业生态圈建设主要任务

一、打造全生命周期大数据产业链条

（一）数据源——面向全球汇集数据资源

（1）创建长三角数据主存储基地，积极承接区域内政府、行业、企业、个人的数据存储任务。

（2）积极对接国家各部委数据外迁工作，争取国家各部委数据中心（备份中心）落地苏州。

（3）积极对接国内外数据资源丰富的龙头企业（通信运营商、互联网企业、设备制造商、能源企业、信息服务商等），力争多家企业级数据中心（备份中心）落地苏州。

（4）积极招商各类数据资源供应商（政府数据供应商、行业数据供应商、产业数据供应商、物联网数据供应商等）落户苏州。

（5）推动苏州市数据资源共享开放，大力攻关数据采集技术，孵化、培育本地数据资源供应商。

（二）数据采集——大力开发智能采集终端引领"苏州智造"

（1）数据采集终端。充分发挥苏州市信息制造业的领先优势，引导龙头企业扩展数据采集终端产品。吸引国内外知名的数据终端采集企业（物联网、视频等）落户苏州。

（2）培育本地互联网数据采集、数据比对、数据质量评估、数据传输等技术型企业。

（3）面向智能穿戴、健康医疗、环境感知等方向积极对接上海外迁企业，并重点孵化、培育本地企业。

（4）基于大数据科研集群，研究图像、视频等非结构化信息提取、全息影像匹配等方向，促进科研成果转化，培育本地企业。

（三）数据存储——推动苏州信息制造业走向高端

（1）积极对接国内外主流数据存储设备供应商、主流数据库供应商，使中国区研究中心、生产中心落户苏州。

（2）通过大数据基础设施建设，推动苏州信息制造业向高端化发展，加快推

动核心芯片、高性能安全可控服务器、海量存储等大数据产品和设备研发及产业化,支撑打造"自主、安全、可控"的大数据产业支持环境。

(3)通过大数据基础设施建设,推动各类软硬件产品供应商落户;推动国内主流系统集成服务商落户。

(4)通过大数据基础设施建设,培育本地系统集成服务企业、系统运维服务企业。

(5)以专项工程为牵引,以大数据产业科研集群为支撑,基于主流大数据开源技术,孵化培育大数据存储企业。

(四)数据处理——带动软件服务业高速发展

(1)培育本地化软件服务企业开展数据清洗等业务,为各数据中心提供数据清洗服务,为数据资源共享开放奠定基础。

(2)招商国内外知名数据处理企业、软件信息服务企业落户苏州。

(3)以专项工程为牵引,以大数据产业科研集群为支撑,推进云操作系统、工业控制实时操作系统、智能终端操作系统以及高端传感器、工业控制系统、人机交互等软硬件基础产品的研发和应用,孵化、培育、壮大本地化软件服务企业。

(五)数据挖掘——引领虚拟现实、人工智能等创新发展

(1)以大数据科研集群为平台,以大数据专项工程为引导,孵化本地化大数据分析挖掘企业。

(2)以大数据专项工程为牵引,吸引国内外知名大数据挖掘类企业落户苏州。

(3)以大数据专项工程为牵引,以海量数据样本为支撑,吸引人工智能、神经网络、语义分析等方面科研组织落户苏州。

(六)数据应用——助力"大众创业、万众创新"

(1)围绕"经济强、百姓富、环境美、社会文明程度高"新江苏的战略需求,培育本地化大数据应用服务供应商,同时吸引国内知名大数据应用服务企业落户苏州。

(2)开放数据资源,以实际需求为牵引,吸引企业、组织、个人参与大数据应用产品研制,定期发起征集大数据创新应用产品活动并形成长效机制,由此引

领"大众创业、万众创新"。

（3）树立工业大数据、旅游大数据、环保大数据等应用标杆，推动典型大数据应用在全国范围内产业化推广。

（七）数据展现——树立苏州大数据产业的国际影响力

（1）以大数据应用需求为牵引，吸引国际主流会展服务企业落户苏州，培育本地化大数据展现技术服务企业。

（2）以大数据展现中心建设为契机，培育本地化大数据展现整体解决方案供应商。

（3）通过大数据展现中心，树立苏州大数据产业的世界影响力，并以此带动苏州成为世界会展服务产业高地。

（八）数据衍生——全面激发数据价值

（1）建设产业大数据交易中心，促进大数据资产交易，发挥大数据资源自有价值。

（2）促进"大数据+互联网""大数据+物联网"等领域深度发展，融合创新，通过互联网的高度可定制化服务本质，催生大数据衍生创新。

二、加速大数据产业与支柱产业融合

（一）数据推动产业转型升级

大力推动数据在产业内流通，通过数据集聚效应充分释放数据价值和数据红利，推动传统产业的转型升级。根据行业特征输送行业数据，对产业园内企业提供共享服务。

（二）数据催生新兴业态

大力推进数据在产业间流转，打造创新产业环境，鼓励数据企业不断探索，促进新的上下游产业链的形成与发展，最终催生新兴业态。

三、协同建设产业运营支撑体系

（一）物理载体——各地齐建特色大数据产业基地

以苏州市各市区现有产业园区为基础，吸引各类大数据、"互联网+"创业机构落户。高新区、姑苏区、工业园区、昆山市共同组成大数据核心产业带，其中姑苏区作为产业政策决策区，高新区、工业园区、昆山市作为大数据产业核心区,张家港市、常熟市、太仓市、相城区、吴中区、吴江区、姑苏区组成大数据特色产业区,以及吴中区、吴江区、姑苏区的"大数据+现代服务业",形成南北区域优势互补、相互促进、差异化发展。

(二)资金载体——市、区联动的多维度基金保障

以《苏州市金融支持企业自主创新行动计划》为依据,设立大数据产业引导资金和大数据产业发展基金,培养一批具有较高技术水平及市场竞争力的本土企业,共同支撑苏州市大数据产业发展。

(三)交易载体——创办全国产业大数据交易服务中心

充分发挥苏州市作为长三角核心城市的优势,充分发挥苏州市的产业发达优势,促进各类数据资源共享开放,成立"中国产业大数据交易中心"。

(四)技术载体——创建世界领先的大数据科研集群

依托苏州市科研基础,积极对接国内外顶尖的科研机构,建设一批大数据产业研究园,研制一批具有自主知识产权和市场竞争力的重大战略产品,带动培养一批优秀青年科研人才,吸引国内外大数据顶尖人才落地,建立完善的行业人才体系以满足大数据产业发展需要。

(五)交流载体——营造有国际影响力的互动交流平台

1. 大数据产业联盟

以大数据产业链条为主线,整合产业链上下游资源,联合国内外知名大数据企业和研究机构,组建大数据产业联盟,共同推进大数据相关理论研究、技术研发、数据共享、应用推广,形成开发合作、协同发展的大数据技术、产业和应用生态体系。

2. 大数据产业智库

由苏州市政府牵头,以驻苏高校、各部门政策研究室、社会科学研究所、学会团体为载体,积极对接国内外大数据领域知名专家,组织成立大数据专家委员会,形成指导大数据产业健康发展的智库型组织。

3. 大数据产业高峰论坛

基于苏州市在国内外的超强影响力,由大数据产业主管部门策划,与国内外知名机构合作,常态化组织大数据产业高峰论坛,打造国际性的大数据交流平台,打造苏州大数据产业的国际名片。

四、构建自主可控的技术支撑环境

（一）云基础设施——支撑数据共享开放

运用云计算、大数据等先进理念和技术，对苏州市各区县(市)已有基础设施资源进行系统性的资源整合，将具有共性的软硬件信息资源云化，形成高效、安全、环保、弹性可扩展的云计算中心，为苏州市大数据产业发展提供基础设施、支撑软件、数据资源、运行保障和信息安全等服务。

（二）大数据公共服务平台——全面激发产业活力

建设统一的大数据公共服务平台，需具备数据采集、数据处理分析、数据挖掘、数据可视化等能力，便于数据信息提取、整合、展现，进一步挖掘数据价值。

数据采集平台。面向不同的应用开发人员，解决不同数据来源、不同时效要求(离线、流式)的数据采集问题。

数据处理分析平台。对云环境的计算、存储资源进行统一管理，满足包括大数据服务以及实时计算服务在内的数据分析需求，为"政务云""公众云""企业云"应用提供基础的数据模型服务。

数据挖掘平台。支撑业务数据挖掘、建模分析的平台，在分布式计算环境基础上提供丰富的算法库，以不同的访问接口提供给使用者进行建模及挖掘分析。

数据可视化平台。依据通用的数据可视化能力组件，不同用户可对自己部门的数据通过简单易用的操作接口进行报表、仪表盘、数据作品的定制，以及可配置的大屏展现系统定制化服务。

（三）数据交易交换平台——提升规模经济效益

建设一套具有高整合性，接口、模式、架构均统一的数据交易交换平台，实现数据间的互联互通，能有效解决信息孤岛问题，为大数据联合应用打下坚实基础，进而为发挥苏州市数据的最大价值提供源动力，丰富数字经济的展示形式。

1. 政府内部数据共享

形成中心信息资源。探索基础政务信息资源和领域政务信息资源在协同联动、分析规划、决策支持等方面的深度应用。

统一数据访问接口。提供跨业务、跨数据库的统一数据访问接口，在部门应用系统之间建立数据资源联通的渠道。

合理设置访问权限。提供统一的数据与数据服务资源目录描述(包括元数据服务)和用户认证服务。

明确数据交换流程。通过数据目录服务和数据可视化服务,加快推进跨部门数据资源共享共用,确定部门间交换信息指标及信息交换流程,满足各级政府履行职能的需要。

2. 政府与企业、企业与企业数据交易

数据商品化。加速数据商品化,促进数据流通买卖,充分发挥数据的价值,有效解决目前数据资源应用不足的痛点。

培育专业化数据中介。搭建数据源头与最终用户之间沟通的桥梁,与数据源头共同构成大数据资源的供给端,推动数据生产者积极实现自身渠道变现。

完善数据价值链条。推进数据价值链条完整性建设,借助合理的产业链布局,加速数据的交易流通,挖掘数据深层次的价值。

五、建立大数据技术创新体系

（一）构建大数据创新协同体系

构建政、产、学、研、用联合推进的创新发展机制。加强政府引导,以企业作为创新发展的主体,形成政、产、学、研、用联合推进的良好发展机制。综合运用政府购买服务、无偿资助、业务奖励等方式,支持中小企业公共服务平台和服务机构建设,加强创业基地基础建设,促进科技基础条件平台开放共享。

成立苏州市大数据研发中心。围绕政府部门、企事业、公共服务部门等相关数据开展大数据创新应用及数据建模研究,形成稳定的、连续的特色数据资源服务和创新服务,推进大数据的信息化、数据化、现代化,有效服务于政府决策、科学研究、企业发展及人才培养。

探索建设新型大数据产业技术研发组织。以政府投资、企业化运作的建设模式为主,鼓励和支持高校、院所及龙头企业采用"研究机构、龙头企业、产业园区"三位一体的运作方式,探索建设一批新型大数据产业研发组织。

（二）提升大数据科研创新能力

加强创新要素聚集。依托苏州全市的国家级和省级开发区,吸纳和引进有利于创新的资金、人才、科技成果、科研机构、先进设备和高科技项目等各种创新资源,推动开发区从产业服务平台向创新发展平台转变。

实施大数据知识产权培育工程。依托苏州市的研究机构和研究队伍,加强大数据安全、大数据平台、大数据存储、大数据清洗等数据治理技术,以及大数据可视化技术、语义分析、机器学习等大数据前沿技术的知识产权培育,为大数据产业提供技术保障。

推动大数据科研成果转化。探索高校科研单位柔性管理体制,通过股权、期权、分红等激励方式,充分调动科研人员创新创业积极性。通过实施杰出青年、优秀学科带头人、青年后备等科技人才基金计划,培养一批优秀的创新创业人才。

（三）激发大数据创新创业活力

积极培育科技型小微企业。以支持"雏鹰企业"快速涌现为重点,进一步加强众创空间、大学科技园、留学生创业园等各类科技企业孵化器及科技公共服务平台建设,服务科技型大数据小微企业创新发展。

释放企业创新活力。充分释放苏州市在研发和产业基础方面具有较强比较优势的大数据产业化潜能,牵动苏州市大数据产业的跨越式发展,促进供给侧结构性调整,增强经济发展活力,打造经济发展新引擎。

（四）建设大数据产业创新载体

搭建大数据创客中心。促进大数据创新应用,刺激传统产业优化升级,孵化大数据创业团队,实现创业项目产业化,为创客提供平台、数据资源、大数据技术培训等。

加强创新创业指导和服务。鼓励大学科技园、各类孵化器、众创空间等设立大学生创业苗圃,支持大学生以多种形式创业。支持市人社部门及其他劳动、职业培训机构组织各类创业培训。

（五）优化大数据创新创业政策

打造激励大众创业万众创新的良好环境。围绕简政放权、放管结合、优化服务,深化行政审批制度改革,强化事中事后监管,推动政府对科技创新的管理从研发管理向创新服务转变。推进餐饮、住宿、交通、娱乐等众创空间综合配套设施建设。

创新培养、用好和吸引人才机制。鼓励中小科技企业建立与创新绩效挂钩的薪酬制度,进一步激发科研人员的积极性。改进科研人员薪酬和岗位管理制度,破除人才流动的体制机制障碍,促进科研人员在事业单位与企业间合理流动。

六、创建国内领先的数据应用体系

(一)支撑国家重大战略

围绕一带一路、长江经济带、长三角城市群三大国家战略,发展大数据应用体系建设。通过大数据推动长三角、太湖城市群交通一体化、医疗一体化、社保一体化、教育一体化、经济一体化,为国家战略发展提供数据支撑。

(二)围绕苏州市战略定位

围绕"经济强、百姓富、环境美、社会文明程度高"新江苏的战略目标,充分挖掘苏州市大数据应用需求,打造一系列的大数据应用和特色大数据指数,促进大数据产业衍生创新,通过大数据应用推动传统产业转型升级,推动现代服务业加速发展,提升政府社会治理水平,提升民众生活幸福指数。

(三)树立大数据产业应用标杆

基于大数据产业发展成果,建设大数据展示中心。通过大数据展现中心,能够让各社会群体感知大数据、体验大数据、认识大数据,树立全国大数据产业的应用标杆,促进苏州大数据产业向全国推广。

七、设立苏州市大数据产业引导基金和发展基金

(一)资金来源

市级财政每年安排一定的专项资金用于支持大数据产业发展,其中一部分作为大数据产业引导基金,引入社会资本共同发起成立苏州市大数据产业发展基金。

(二)运营模式

苏州市大数据产业发展基金采用同股同权、利益共享、风险共担的市场化运作方式,组织形式为有限合伙企业,由市产业发展投资有限公司牵头,联合国内优秀基金管理人共同组建基金管理公司,担任普通合伙人(GP)。

第三节 大数据特色产业园布局

为深入贯彻落实《国务院关于印发促进大数据发展行动纲要的通知》和《江苏省大数据发展行动计划》精神,围绕苏州市及各辖区产业发展特色及发展需

求,融合互联网、云计算、物联网等新一代信息技术,建设一批特色鲜明的大数据产业园区。

表1 各市、区特色大数据产业园布局

序号	区(市)	特色产业方向	大数据产业园
1	张家港市	新能源大数据	张家港经济技术开发区（张家港沙洲湖科创园）
2		再制造大数据	
3	常熟市	电子商务大数据	常熟市虞山镇
4		智能制造大数据	
5		金融服务大数据	
6		现代物流大数据	
7		医疗健康大数据	
8	太仓市	现代物流大数据	太仓高新技术产业开发区
9		医疗健康大数据	
10		智能制造大数据	
11	昆山市	智慧城市大数据	江苏昆山花桥经济开发区
12		跨境电商大数据	
13		金融服务大数据	
14		智能制造大数据	
15	吴江区	智慧城市大数据	吴江太湖新城（苏州湾科技城）
16		地理信息大数据	
17	吴中区	旅游文化大数据	吴中经济技术开发区（苏州吴中太湖新城）
18		全国农业大数据中心	
19		政务大数据应用示范基地	
20	相城区	江苏省数据资产评估中心及双创基地	苏州高铁新城
21		医疗健康大数据	
22		影视新传媒大数据	
23		互联网营销大数据	

(续表)

序号	区(市)	特色产业方向	大数据产业园
24	姑苏区	信息安全大数据	金阊新城
25		现代物流大数据	
26		征信大数据	
27		智慧城市大数据	
28		古城保护大数据	
29	工业园区	生物医药大数据	苏州工业园区（国际科技园）
30		纳米科技大数据	
31		服务创新大数据	
32	高新区	移动通信大数据	苏州科技城
33		地理信息大数据	
34		智能交通大数据	
35		人力资源大数据	
36		信息安全大数据	

结合苏州市各市、区发展特色，各市、区大数据特色产业园规划具体如下：

专栏 1-1

张家港市"大数据+特色产业园"规划

1. 基本情况

张家港市面积 999 平方公里，其中陆域面积 777 平方公里，拥有 2 个国家级开发区，辖 8 个镇和 1 个现代农业示范园区、1 个旅游度假区，是中国综合实力最强的县级市之一，连续多年位居全国百强县前列。

2. 产业结构分析

张家港市三次产业协调发展，比例为 2.7∶48.8∶48.5。创新战略加快实施，地区生产总值 2 230 亿元，按可比价计算同比增长 7%；地方公共财政预算收入 174.2 亿元，增长 7.1%；服务业增加值占地区生产总值的比重提高到 45%，新兴产业产值占规模以上工业产值的比重提高到 43%。

3．区域空间布局

开发区重点发展再制造、智能装备（机器人）、软件商务等产业，打造"一基地、四园区"，即再制造产业示范基地、绿色能源和照明产业园、沙洲湖科创园、科技创业园、软件动漫园、智能装备（机器人）产业园。

4．特色产业园创建工程

新能源大数据：依托互联网、大数据、云计算等新一代信息技术，建设新能源大数据，重点打造新能源锂电、LED、氢能源等三大产业基地。

再制造大数据：以创建国家再制造产业示范基地为契机，重点依托富瑞特装、爱姆希等再制造骨干企业，大力推进大数据产业与汽车发动机再制造、精密切削工具再制造领域的深度融合。

专栏 1-2

常熟市"大数据＋特色产业园"规划

1．基本情况

全市总面积 1 264 平方公里，下辖 13 个镇场，2 个省级经济开发区、1 个招商城，是中国大陆经济最强县级市之一，位于中国县域经济、文化、金融、商贸、会展和航运中心的前列，是中国"区域经济强县统筹发展组团"成员。

2．产业结构分析

常熟市经济结构持续优化，质量效益逐步提高，三次产业比例调整为 1.99：52.05：45.96。新兴产业、高新技术产业产值占规模以上工业总产值比重分别达到 43.6% 和 38.7%。

3．区域空间布局

常熟市域划分为"双城、三片区"。主城区、支董片区、海虞片区、辛庄片区主要发展第一产业，东南开发区、高新技术产业园、尚湖工业集中区等 11 处工业区发展汽车产业、装备制造产业、新能源等第二大产业，"一主、三副"4 处市级商业服务业中心和 13 处片区级商业服务业中心发展商业服务、物流业、旅游业等第三产业。

4. 特色产业园创建工程

电子商务大数据：依托常熟市电子商务发展基地和现有电子商务平台，利用互联网、云计算、大数据等新一代信息技术搭建电子商务大数据资源库和电子商务大数据服务平台。

智能制造大数据：抢抓常熟市全面推动工业三大主导产业战略机遇，以观致、奇瑞捷豹路虎、斐讯数据通信等重大项目建设为契机，同步推进大数据产业与高端制造业的深度融合。

金融服务大数据：充分发挥常熟市金融行业发展基础，面向中小企业扶持、科技金融创新、保险与科技金融试点几大方向，打造"大数据+金融服务"的创新型服务模式，实现大数据产业、金融服务产业互助式发展。

现代物流大数据：以汽车物流、港口物流、商城物流、城市配套物流为重点，以大数据技术为依托，打造各具特色的物流公共信息平台，构建面向政府和物流园区双方向的大数据应用体系。

医疗健康大数据：以高新技术产业园和古里镇为重点示范，全面推进大数据产业与生物医药及高端医疗器械产业的深化融合，为常熟市打造长三角生物医药重要创新基地提供重要支撑。

专栏 1-3

太仓市"大数据+特色产业园"规划

1. 基本情况

全市总面积为 809.93 平方公里，辖国家级太仓港经济技术开发区、省级高新区（筹）、科教新城以及 6 个镇、1 个街道，位居 2013 年度中国中小城市综合实力百强县市（科学发展百强县市）第四位，稳居 2014 年和 2015 年全国百强县市第四名，太仓港是长江外贸第一大港，名列全球百强集装箱港口第 39 位。

2. 产业结构分析

"十二五"期间，太仓市产业结构加快优化调整，三次产业增加值结构由期初的 3.7∶57.4∶38.9 调整为期末的 3.4∶51.3∶45.3。

3. 区域空间布局

按照提高产业集聚效应、突出产业发展特色的要求,进一步优化产业空间布局,形成"二带一区"的产业发展格局。

沿江现代制造产业带:依托太仓港经济技术开发区,重点发展新能源、新材料、新装备等现代制造业。

临沪高新技术产业带:围绕天镜湖文化科技产业园、太仓大学科技园等创新载体,形成新区、科教新城、城乡联动发展,辐射带动浏河、双凤的高新技术产业发展格局。

中部优势产业协同创新区:以沙溪新型现代化小城市为中心,联动璜泾、双凤等区域,充分发挥生物医药、纺织服装、纤维新材等产业优势。

4. 特色产业园创建工程

依托太仓市保税区及港口现代物流产业发展基础,重点建设现代物流、医疗健康、智能制造大数据产业园。

现代物流大数据:以太仓物流园为依托利用互联网、云计算、大数据等新一代信息技术搭建物流产业大数据平台,聚集特定区域或特定细分领域的物流企业。

医疗健康大数据:以太仓市生物医药产业园为依托,以昭衍、冠科、致君、雅本、宏达为重点示范单位,以大数据技术为手段,全面推动生物医药产业生产流程优化,大幅加快产品研制进程,系统优化生产企业销售和售后服务体系。

智能制造大数据:大力推进大数据产业与海洋钻井平台、发电设备制造、集装箱等高端制造产业的深化融合,以扬子江海工、通快机床、巨能发电、中集、实用动力、托克斯等重点企业为引领,以大数据技术为手段,全面提升太仓市高端制造业的产品创新能力、质量管理能力、生产工艺优化能力、供应链优化能力、销售和售后服务能力。

专栏 1-4

昆山市"大数据+特色产业园"规划

1. 基本情况

昆山市域面积 931 平方公里,下辖 3 个国家级开发区(经济技术开发区、国家级综合保税区、国家级高新技术产业开发区)、2 个省级开发区(花桥经济开发区、昆山旅游度假区)和 8 个镇。昆山连续多年被评为全国百强县之首、最具投资潜力百强县两个第一,实现福布斯中国大陆最佳县级城市"七连冠"。

2. 产业结构分析

产业结构方面,昆山市围绕"转型升级创新发展"工作主线,按照"做大增量、调优存量"基本思路,加大调整力度,推动产业结构持续优化。

第二产业占 GDP 比重由 57.9% 降低到 55.1%。实施新兴产业"3515 计划",用 3~5 年的时间培育新增 3 个千亿级产业、5 个数百亿级产业、15 个百亿级企业。

3. 区域空间布局

昆山市构筑"中心引领、板块支撑、重点突破"的总体发展战略布局。

"中心引领",即中环以内城市集聚发展片区,重点推动城市更新改造,以城市转型引领新一轮经济社会发展。

"板块支撑",即发挥国家级和省级开发区龙头带动作用,形成板块重点支撑、区镇协同发展的新格局,加快集聚现代服务业发展。

"重点突破",即以阳澄湖科技园、光电产业园、机器人及高端装备制造产业园等一批特色载体为重点,促进新技术、新产业、新业态、新模式取得重大突破,加快形成新的经济增长极。

4. 特色产业园创建工程

依托昆山市产业发展基础重点建设智慧城市大数据、跨境电商大数据、金融大数据、智能制造大数据。

智慧城市大数据:以全国首批智慧城市试点建设为契机,继续完善规划管理信息系统、园林绿化信息管理系统、房产信息管理系统等八大应用系统,为花桥大数据产业发展提供强有力的数据服务与技术支撑。

跨境电商大数据:依托海峡两岸商贸示范区,以昆山市跨境电子商务综合服务平台为基础,加快建立电子商务大数据研究机构,加强数据分析和价值挖掘,提升企业精准营销能力,创新电子商务经营模式。

金融服务大数据:抢抓上海国际金融中心建设机遇,在昆山花桥开发区建立专门以金融类大数据为主的交易平台,促进金融类大数据产业快速发展,为用户提供多样化、个性化、精准化的金融产品和服务。

智能制造大数据:以昆山市现有制造业产业为基础,加快构建智能制造云服务平台,引导工业企业开展设备、产品以及生产过程中的数据自动采集和大数据分析,实现精准决策、管理与服务。

专栏 1-5

吴江区"大数据+特色产业园"规划

1. 基本情况

吴江区下辖 8 个区镇,其中,吴江经济技术开发区与同里镇、汾湖高新区与黎里镇、吴江高新区与盛泽镇、太湖新城与松陵镇,四个区镇实行区镇合一管理模式。吴江先后荣获国家卫生城市、优秀旅游城市、国家环保模范城市、国家生态市等多项国家级称号。

2. 产业结构分析

产业结构不断优化,三次产业比重从"十一五"期末的 2.7∶60.3∶37.0 调整到 2015 年年底的 2.7∶52.2∶45.1。

3. 区域空间布局

吴江市强化规划引领和区域统筹,实施产城融合发展,注重存量盘活、增量保质,推陈出新、畅通全域,融入苏州、接轨上海,优化形成"一核引领、二区带动、三带并进"的空间发展布局。

"一核心引领":发挥太湖新城和吴江开发区的核心引领作用。

"二区带动":形成汾湖高新区和吴江高新区两大城市副中心。

"三带并进":协调推进东部、西部、南部三大产业带建设。重点以开发区和汾湖高新区为载体发展智能装备、电子信息、新能源、新材料、生物医药等产业。

4. 特色产业园创建工程

智慧城市大数据:以太湖新城科创园为产业发展载体,建设智慧城市大数据产业园,实现公共服务高质便捷、城市管理高效智能、创新经济高效发展,建设和谐、宜居、富有活力和现代化的城市。

地理信息大数据:加强和完善吴江区地理信息基础数据库,建设地理信息大数据公共服务平台;实现不同行业和部门的基础地理信息数据共享,促进测绘成果的社会化应用。

专栏 1-6

吴中区"大数据+特色产业园"规划

1. 基本情况

全区总面积 2 231 平方公里,下辖 1 个国家级太湖旅游度假区、1 个国家级经济技术开发区、1 个国家级农业园区、7 个镇 6 个街道和穹窿山风景管理区。

2. 产业结构分析

2015 年地区生产总值 950 亿元,年均增幅 9.5%,实施外资经济、民资经济、国有经济和集体经济"四轮驱动",三产结构比例为 2.6∶48.9∶48.5。

3. 区域空间布局

打造"一核一轴一带"的产业空间发展战略,提升产业集聚效应。重点优化城市发展核心,推进城区、太湖新城、越溪、双湖、木渎聚焦优势产业和技术前沿,促进现代服务业提效和产城融合发展。

4. 特色产业园创建工程

重点在吴中太湖新发展旅游文化大数据、农业大数据和政务大数据三个方向。

旅游文化大数据：利用吴中太湖的丰富旅游资源，汇聚全国旅游管理部门、旅游景点、旅游网站的数据，形成全国性的旅游大数据资源基地，吸引50家以上拥有旅游相关数据资源的企业。

全国农业大数据中心：基于全国现代农业发展基础，重点在吴中区建设集农产品溯源数据中心和农业大数据应用服务中心于一体的全国性农业大数据中心。

政务大数据应用示范基地：通过推进"1中心4平台N智慧应用"的部署实施，实现政务数据共享交换，提高政府治理能力，提升民生服务水平。逐步建成苏州市的政务综合应用示范区，打造城市政务大数据应用样板间。

专栏 1-7

相城区"大数据+特色产业园"规划

1. 基本情况

相城区位于苏州市区北部，拥有14个高速出入口，京沪高铁、沪宁城铁均在相城设站。相城区文化底蕴深厚，孕育出了陆逊、陆贽、姚广孝、沈周、文徵明等众多历史文化名人，还形成了以"御窑金砖"为代表的"相城十绝"文化遗产。

2. 产业结构分析

"十二五"期间，产业结构逐步优化，三次产业比例调整为1.9∶49.2∶48.9。"十三五"期间将深入实施产业强区战略，重点发展高端装备制造业、新一代电子信息技术、汽车零部件、新材料、生物医药等主导产业。

3. 区域空间布局

按照苏州市总体规划要求，强化与苏州主城区对接融入，积极构建"一体两翼"的空间布局。

"一体"：即中心城区，依托元和、黄桥街道和相城经济开发区澄阳产业园，成为苏州北部城区的重要组成部分。

"西北部工业物流翼"：即以漕湖产业园、望亭国际物流园、潘阳工业园以及北桥街道、渭塘镇、阳澄湖镇等地为重点的沿绕城线西北部产业带,引领和支撑全区工业经济和生产性服务业的转型升级。

"东部生态旅游翼":即以阳澄湖生态休闲旅游度假区为龙头,以生态保护为主,重点发展现代农业、生态旅游、文化创意等产业。

4. 特色产业园创建工程

重点在高铁新城建设江苏省数据资产评估中心及双创基地、影视新传媒和医疗健康大数据产业园。

江苏省数据资产评估中心及双创基地:建设江苏省数据资产评估中心及双创基地,解决数据资产确权与估值问题,释放数据资产能量,促进流动性,带动整个数据商业价值链的规模化发展。

影视新传媒大数据:利用先进的影视娱乐数据采集技术对影视作品进行投资决策、内容审查、风险管控、IP预测,为影视大数据产业新布局实现多赢效应。

医疗健康大数据:整合医疗健康信息资源,探索建立互联网在线医疗服务新模式,支持线下医疗卫生服务与线上远程医疗健康云服务的融合。

互联网营销大数据:利用前沿的大数据技术,针对不同互联网用户提供精准广告营销与在线购买服务,与传统营销与广告相比,基于大数据的互联网营销服务具有互动性强、个性化、精准性、即时性等诸多优势。

专栏1-8

姑苏区"大数据+特色产业园"规划

1. 基本情况

姑苏区有全国重点文物保护单位18处,省文物保护单位36处,市县级文物保护单位92处,289处控制保护古建筑和790处古桥、古井等古构筑物,国家5A级景区3个,是全国唯一的历史文化名城保护区,也是全国首个"古城旅游示范区"。

2. 产业结构分析

"十三五"规划"3+3+3"产业体系,提升发展旅游业、科技服务业和文化创意业三大战略主导产业,着重打造旅游业;发展商贸、商务、现代物流业三大支柱产业;培育发展金融创新、健康服务、教育培训三大新兴产业。

3. 区域空间布局

姑苏区立足区情实际,努力形成"一核、两轴、三园"空间布局。

"一核":护城河以内14.2平方公里的古城区,是苏州文化传承的核心,重点发展旅游、科技服务、文化创意、商贸等产业。

"两轴":人民路(轨道交通4号线)文化商贸产业集聚轴,重点发展文化创意、高端商贸商务、总部经济、健康产业等业态。干将路(轨道交通1号线)现代商务科技创新轴,重点发展商务服务、科技服务、金融创新服务等业态。

"三园":现代商务商贸产业园:以平江新城为主体区域,重点发展金融服务、高端酒店等现代商务商贸业态。现代科技和文化产业园:以沧浪新城为主体区域,重点发展科技咨询、科技创业孵化等文化创意产业。现代物流、电子商务和软件产业园:以金阊新城为主体区域,发展国际铁路物流中心、跨境电子商务中心和软件服务外包创新区。

4. 特色产业园创建工程

现代物流大数据:发挥金阊新城交通物流企业集聚的优势,打造集物流贸易、金融物流、物流电商、物流数据交易为一体的现代物流业,推进"互联网+"物流运作,有效延伸和放大传统物流功能。

征信大数据:依托姑苏区征信产业园(原沧浪区政府),引进征信产业链上下游企业,利用互联网公司的大数据和云计算,打造征信产业集聚区。

智慧城市大数据:按照智慧城市的总体规划,突出数据采集、传输、应用等环节,分步建设基础信息资源数据库,推进基础信息资源开发利用,提高信息资源的分析处理和应用能力。

古城保护大数据:规划在古城区建设古城保护大数据产业园。利用互联网、移动互联网、物联网、大数据等新一代信息技术,实现苏州市历史文化遗产的信息采集、存储与分析、智慧管理和应用。

信息安全大数据:姑苏区立足于金阊新城,建设姑苏区大数据信息安全特色产业园。建立健全安全测评、风险评估、安全防范、应急处置等机制,积极推动机关、事业单位和国有企业等采用自主可控的大数据产品(服务)。

专栏 1-9

工业园区"大数据+特色产业园"规划

1. 基本情况

苏州工业园区位于苏州古城区东部,是中国和新加坡两国政府间的重要合作项目,在中新合作双方的共同努力下,园区经济社会发展取得了令人瞩目的成绩。

2. 产业结构分析

苏州工业园区产业结构不断优化,主动把握经济新常态,加快转变经济发展方式,大力发展电子信息和机械制造两大主导产业以及生物医药、纳米技术应用和云计算三大战略新兴产业及现代服务业。三产结构比为 0.09：57.31：42.60。

3. 区域空间布局

园区未来将形成"两主、三副、八心、多点"的中心体系结构。"十三五"期间重点发展以下板块：中新合作区,定位是苏州市中央商务区、苏州东部新城宜居示范区,湖西 CBD、湖东 CWD 和 BGD 围绕金鸡湖合力发展,形成园区城市核心区。

4. 特色产业园创建工程

以中新合作区产业发展为基础,重点发展生物医药、纳米科技、服务创新三个大数据方向。

生物医药大数据：依托苏州工业园区生物纳米园、信达生物医药产业基地和高新区医疗器械城等现有的生物医药产业载体和基地,继续加强新药创制、医疗器械、生物技术、生物纳米技术等生物医药特色产业发展,整合上下游产业链,形成产业集群和互动合作的产业生态圈。

纳米科技大数据：依托工业园区纳米科技产业发展基础,加快纳米信息学新兴领域的发展,开发有效的方法来收集、验证、存储、共享、分析、构建模型和应用信息,模拟纳米技术在生物医药、大容量存储、环保等领域的应用及产品创新。

服务创新大数据:依托工业园区服务业发展基础、国际科技园、腾飞苏州创新园、国科数据中心等一批建设完善的载体与平台,重点发展服务创新大数据,整合服务产业资源,促进服务业转型升级。

专栏1-10

高新区"大数据+特色产业园"规划

1. 基本情况

苏州高新区,入选江苏省首批省级科技金融合作创新示范区,获批全国首家知识产权服务业集聚发展试验区、国家高新区建设20周年先进集体;镇湖苏绣产业园荣获"中国创意产业最佳园区奖"。

2. 产业结构分析

2014年,苏州高新区提出做大做强新一代信息技术、轨道交通、新能源等五大优先发展新兴产业,提升发展电子信息、装备制造等二大产业(以下简称"5+2"产业),提升新兴产业发展水平和能级。三产结构比为0.2:66.8:33.0。

3. 区域空间布局

高新区以城镇、产业和生态三大空间布局,形成"一核三片、一心三轴"整体布局。科技城:创新发展之核,是科技中心、行政中心、现代化新城,重点发展科技创新、创业孵化和科技服务,建设集研发中试等功能于一体的智慧新城。东部城区片区是商务商贸中心和现代化城区。北部浒通片区是先进制造业和现代物流基地。西部湖滨片区是生态旅游休闲度假之地。大阳山是绿色生态之心,大力发展生态旅游和休闲度假,提升生态品质。三轴:沪宁交通大通道、太湖大道、绕城高速西南线。

4. 特色产业园创建工程

依托高新区软件园——"江苏省大数据特色产业园"产业载体,着重发展移动通信、地理信息、智能交通、人力资源、信息安全五大方向大数据应用。

移动通信大数据:基于中国移动苏州研发中心、中国电信太湖国际信息中心落地高新区的优势,融合移动通信基础数据带动新的产业发展趋势。

地理信息大数据:依托苏州地理信息与文化科技产业基地,旨在打造我国遥感、地理信息系统、导航定位、地理文化、土地整治和土壤修复等领域的大数据集成。

智能交通大数据:以易程(苏州)新技术股份有限公司及其关联企业如华启智能等公司为重点发展企业,创新铁路、轨道交通、城际等领域的信息系统、控制系统解决方案及服务,通过云计算、物联网及大数据分析等技术为上述领域提供创新服务。

人力资源大数据:依托国家级人力资源产业园,结合大数据技术,打造包括人事代理、派遣租赁、服务外包、人才测评与评鉴、管理培训在内的全领域人力资源产业链。

信息安全大数据:依托高新区科技城的信息安全行业集聚效应,大力发展信息安全大数据,发挥山石网络、中科慧创龙头企业的效应,打造企业、金融、政府、教育行业用户大数据信息安全大数据特色产业园。

第七章 保障措施

第一节 加强组织领导

(1)成立大数据产业发展领导小组。成立由市政府主要领导任组长、市级各相关部门和单位分管负责人为成员的大数据产业发展领导小组(下称"领导小组"),负责统筹推进全市大数据产业发展。

(2)成立苏州大数据产业专家咨询委员会。苏州大数据产业发展专家咨询委员会积极引进国内外大数据领域的优秀专家学者,为大数据产业发展与应用及相关项目工程实施提供决策支持。

(3)成立大数据产业联盟。整合产业链上下游资源,联合国内外知名大数据企业和研究机构,组建大数据产业联盟。吸引大数据厂商、企业、专家及学者,为大数据相关企事业单位及专家学者提供一个开放的交流平台。

第二节　强化专项支持

（1）出台专项支持政策。集成国家和省、市针对大数据产业在土地、税收、资金等方面的优惠政策，积极引进国内外知名的云计算、大数据和数据应用服务企业落户，支持本地企业抢占国内大数据产业发展制高点。

（2）加大政府专项资金支持力度。将大数据产业发展资金纳入财政年度预算，鼓励金融资本、风险投资及民间资本投向大数据产业，努力缓解产业发展资金短缺的矛盾。

（3）加快大数据产业基地和产业集聚区建设。鼓励企业投资建设大数据特色产业园，对大数据特色产业园入园企业经认定可享受高新技术产业园区的相关扶持政策。

（4）加大电力电信补贴力度。将大数据企业机房用电纳入大工业用电进行统筹。将从事数据中心建设的企业，优先列入大用户直供电范围，享受优惠电价政策。

第三节　增强资金保障

（1）设立苏州市大数据产业引导资金和发展基金。

（2）引导和鼓励金融机构为符合条件的大数据产业相关企业给予信贷支持。

（3）支持担保机构加大对大数据产业知识产权质押贷款的担保支持力度。

（4）支持大数据企业利用资本市场融资。

第四节　坚持市场驱动

（1）扶持培育应用市场。引导和鼓励政府、企事业单位将非涉密的数据分析业务外包，将大数据服务模式纳入政府采购范围。

（2）鼓励大数据企业品牌宣传。加大媒体宣传力度，提高苏州大数据产业在全国的知名度和品牌影响力，提升公众对大数据服务模式的认知度。

第五节　重视人才支撑

（1）深入实施"姑苏人才计划""海鸥计划"等人才计划，精心组织"苏州国际精英创业周"，进一步强化领军人才集聚优势。

（2）创建有影响力的大数据培训中心。针对政府、社会开放精品课程，为大数据产业发展提供源源不断的人才保障。

（3）完善大数据人才政策体系，构筑新的政策优势。积极参与国际人才竞争，着力为各类高层次人才提供包括学术环境、发展环境等在内的一流创新创业环境。

第六节 完善管理机制

（1）建立全市大数据工作绩效考核机制。针对不同单位及不同岗位的职责和工作特点建立合理的绩效考核机制，对各单位落实大数据规划部署的工作情况进行评估。

（2）建立大数据发展水平评估体系。推动建立全市统一的大数据发展评价指标体系，定期对全市大数据发展水平开展评估。

第七节 注重产业宣传

以应用示范带动大数据的宣传教育，举办制造业、现代服务业领域大数据应用优秀项目成果展，在全社会树立大数据意识。利用各种招商平台，积极宣传推介苏州市大数据产业投资环境和政策措施。